Edmund Polak:
KZ-Überlebender, Lyriker, Journalist

Deutsches Polen-Institut

Polnische Profile

Herausgegeben von
Dieter Bingen und Peter Oliver Loew

Band 7

2019
Harrassowitz Verlag · Wiesbaden

Edmund Polak: KZ-Überlebender, Lyriker, Journalist

Ein biographisches Lesebuch

Herausgegeben von
Bruno Arich-Gerz und Magdalena Latkowska

2019

Harrassowitz Verlag · Wiesbaden

Gefördert aus den Mitteln
des Deutschen Akademischen Austauschdienstes (DAAD).

Deutscher Akademischer Austauschdienst
German Academic Exchange Service

Umschlagabbildung:
Ausweis der Municipal Administration of Durzyn (Wildflecken),
Privatbesitz Andrzej Polak

Redaktion: Peter Oliver Loew

Bibliografische Information der Deutschen Nationalbibliothek
Die Deutsche Nationalbibliothek verzeichnet diese Publikation in der Deutschen Nationalbibliografie; detaillierte bibliografische Daten sind im Internet über http://dnb.dnb.de abrufbar.

Informationen zum Verlagsprogramm finden Sie unter
http://www.harrassowitz-verlag.de

Gedruckt auf alterungsbeständigem Papier.
Umschlag: Tatjana Beimler
Druck und Verarbeitung: Memminger MedienCentrum AG
Printed in Germany

ISSN 2197-6066
ISBN 978-3-447-11190-4

Inhalt

Einführung, oder: Die Wiederentdeckung eines Polen

Bruno Arich-Gerz und Magadalena Latkowska

Edmund Julian Polak, geboren am 12. November 1915 in Warschau. In seiner Jugend Pfadfinder, während der Besatzung Polens durch NS-Deutschland zunächst im Widerstand, dann in Lagerhaft. Das Vernichtungslager Auschwitz überlebt er, das Konzentrationslager Buchenwald auch. Über Dachau kehrt er zurück in die polnische Hauptstadt, wird Journalist – sogar eine Art rasender Reporter – beim EXPRESS WIECZORNY und frönt seiner Leidenschaft für literarische Texte und Textsorten. Wie während der Lagerhaft schreibt er Gedichte und verfasst Liedtexte, die mit einem kongenialen Komponisten an seiner Seite sogar ihren Weg ins staatliche Fernsehen finden. Politisch ist Polak in der Volksrepublik Polen nicht immer auf Linie: Er wird zwar von seinen Vorgesetzten belobigt für seine dynamisch-zupackende Art und er beherrscht den floskelhaften Stil der kommunistischen Publizistik seiner Zeit, handelt sich aber auch Ärger ein. Drei Bücher verfasst der Hobbyhistoriker und Memorialkünstler, der Polak auch ist: eine Chronik des Lagers Buchenwald, eine Rückschau auf das erlebte Grauen als Todgeweihter unter Todgeweihten, *Morituri*, und die Story einer Basia, die wie er die Schrecken von Auschwitz er- und überlebt hat. Als er in den Ruhestand versetzt wird, arbeitet er an einer weiteren Chronik zum KZ Dora, die unvollendet bleibt. Im März 1980 stirbt er. Sein Tod kommt überraschend, für seine alten polnischen Wegbegleiter ebenso wie für die neu gewonnenen Freunde aus der Deutschen Demokratischen Republik.

Von all dem weiß die Welt so gut wie nichts. Edmund Polak zählte, wie er selbst in einem Brief beklagt, zu den übersehenen Zeitzeugen der Lager und den kaum beachteten Figuren in einem unter den Nachwehen des Zweiten Weltkriegs ächzenden, weil von sowjetischer Siegermachtseite auf das Experiment Kommunismus verpflichteten Polen.

Abb. 1: Edmund Polaks »Tunnel« (Ausschnitt)

Ortswechsel, eine Dekade später. Im Jahr 1990 erscheint in Ostberlin, das als Hauptstadt der DDR nicht mehr lange existieren sollte, ein Taschenbuch über die Geschichte des Konzentrationslagers Mittelbau-Dora im Südharz bei Nordhausen. Der Duktus des knapp zweihundertseitigen Bändchens ist der für DDR-Publikationen übliche. Der Widerstand des Illegalen Lagerkomitees und die subversiven Tätigkeiten der kommunistischen Häftlinge stehen im Vordergrund und verdrängen das Schicksal der vielen auf Baukommandos zu Tode geschundenen Mitgefangenen, die anonym bleiben. Verfasst wurde das Buch von einem Geschichtsprofessor an der Berliner Hochschule der Volkspolizei, Erhard Pachaly, und Kurt Pelny, der bis 1989 die Mahn- und Gedenkstätte Mittelbau-Dora leitete. Ungefähr in der Mitte des Buches findet sich ein kurzes Kapitel zum künstlerischen Schaffen der im Hauptlager Dora und den zahlreichen Nebenlagern zwangsarbeitenden Inhaftierten, das aufzeigt, wie wesentlich auch dieses Schaffen für den antifaschistischen Widerstand war. Ergänzt werden die Ausführungen durch Reproduktionen von Holzschnitten und anderen Illustrationen, auf denen die Lagerrealität in düster-realistischer oder durch Märchenassoziationen verfremdeter Form wiedergegeben wird. Ein Foto zeigt ein Papierkunstwerk: von der Größe eines Bierdeckels, wie eine Ziehharmonika gefaltet und wie ein Triptychon aufklappbar. In der Mitte finden sich Zeichnungen von stilisierten Männchen in gestreifter Kleidung, die in einem unterirdischen Stollen schuften. Rechts und links davon, auf den Flügelseiten, beschreibt ein

Langgedicht in polnischer Sprache die unmenschlichen Arbeitsbedingungen der Häftlinge von Dora.
Die Bildunterschrift zu dem Foto lautet: »Der ›Tunnel‹. Zeichnungen und Verse des ehemaligen polnischen Häftlings Edmund Pollak«. Pollak, so steht es da. Das Vergessen seiner Person und seiner Werke zeigt sich, so könnte man meinen, zehn Jahre nach seinem Tod immer noch: dieses Mal in der schlampigen Schreibung des Familiennamens.

Zwölf Jahre später, Perspektivwechsel. Einer von uns kommt zu Wort, Bruno Arich-Gerz:

Was hat es auf sich mit dem Papier-Tunnel, frage ich mich nach der Lektüre des Buchs. Wo ist das Kunstwerk abgeblieben, und wer war der Künstler, der es geschaffen hat? Seit dem Jahr 2000 hatte ich für eine Studie über Darstellungen des Lagers Dora und seiner Außenlager recherchiert und nun, im Jahr 2003, entstand daraus die Idee zu einem weiteren Projekt: vorausgesetzt, meine Fragen ließen sich beantworten. Gemeinsam mit einem Freund und Kollegen aus dem Fachbereich Architektur der TU Darmstadt wollte ich das Papierkunstwerk, das ausweislich der Notiz seines Schöpfers auf dem Umschlagdeckel aus dem Frühjahr 1944 stammte, also während seiner Inhaftierung angefertigt worden war und zweifellos in keinem guten Zustand mehr sein konnte, digital abfotografieren, um es als virtuelles Artefakt auf dem Computerbildschirm zu rekonstruieren. Marc Grellert, mein Kollegenfreund, versicherte mir, dass er und Professor Manfred Koob eine solche Rekonstruktion technisch ohne Probleme hinkriegen würden und auch ins Internet stellen könnten, und zwar mit allem, was dazugehört, also der charakteristischen Faltung und den abwechselnd nach rechts oder links wegklappbaren Seiten. Nur an das Original aus der analogen Welt müsse man herankommen.
Es war Torsten Heß von der KZ-Gedenkstätte Mittelbau-Dora, der mir weiter auf die Sprünge half. Der »Tunnel« war tatsächlich extrem zerfallsgefährdet, erfuhr ich, deswegen lagerte er lichtgeschützt im Depot des Museums der Gedenkstätte. Frage Nummer Eins war damit beantwortet: das gute Stück war in Nordhausen. Ob ich es sehen und eventuell fotografieren könne? Ja. Und ob er, Torsten Heß, oder sonst jemand in der Gedenkstätte etwas über seinen Urheber, den Häftling Edmund Po-

lak wisse? Nein, nur sehr wenig. Aber vielleicht fände sich etwas in den Archiven der Gedenkstätten Mittelbau-Dora oder Buchenwald.

Dr. Regine Heubaum leitet das Archiv in Nordhausen. Versiert und freundlich half sie mir bei der Beantwortung der zweiten Frage: jedenfalls soweit die archivierten Dokumente es zuließen. Diese Dokumente bestanden aus einem guten Dutzend Briefen, die ich im Sommer 2003 einsehen und dabei feststellen durfte, dass auch die Welt der KZ-Überlebenden und ihrer Sachwalter eine kleine ist.

Denn mit Datum vom 10. November 1975 hatte sich Edmund Polak in einem Brief an niemand anderen als Kurt Pelny gewandt, den späteren Ko-Autor des Mittelbau-Dora-Buches. Es handelt sich um den Brief, in dem Polak sich über die fehlende Aufmerksamkeit beklagt: »Und was Ihnen wahrscheinlich interessiert, ich bin Autor des Gedichts ›Tunnel‹«, heißt es in der maschinengeschriebenen Post von Polak in nicht ganz fehlerfreiem, trotzdem überdurchschnittlich gutem Deutsch (das wir, wo nötig, stillschweigend korrigieren). »Ich weiß nicht warum in deutschen Publikationen stand, dass der Autor unbekannt bleibt. [...] Ich bitte also, wenn Sie nochmals über diesem Gedichte etwas veröffentlichen werden, meine Name nicht zu vergessen [...] Hochachtungsvoll, [das Folgende handschriftlich:] Edmund Polak (im Lager ›Pollak‹)«.

Das Dokument zwang mich, die Dinge etwas anders zu sehen. Das Pachaly-und-Pelny-Buch nannte den Schöpfer des »Tunnel«-Gedichts beim Namen, immerhin, und mehr noch: es nannte ihn bei dem Namen, mit dem er im Lager bekannt war. Der Verschreiber, das doppelte L, mag in der dortigen Registratur und damit im Bereich des Täterdokumentarischen unterlaufen sein: Wenn der damals so Bezeichnete sich diese Schreibweise aber selber angeeignet hatte, war es da nicht legitim, sie auch als Außenstehender zu übernehmen? Oder war Polaks Hinweis bei seiner Unterschrift keine Geste der souveränen Aneignung der Täter-Schreibweise, sondern bloß eine Hilfestellung für die Mahn- und Gedenkstätte? Schließlich verwaltete diese die archivierten Lagerlisten und konnte auf diese Weise, mit dem Namen »Pollak« statt Polak leichter verifizieren, dass hier der authentische ehemalige Häftling mit der Nummer 10918 schrieb.

Wie dem auch sei: Polaks leicht erzürnter Brief aus dem Jahr 1975 machte Pelny vielleicht verlegen, in jedem Fall aber neugierig. Es entspann sich eine Briefkorrespondenz, bei der sich Polak nicht nachtragend zeigte. »Wir freuen uns, daß nun nach so geraumer Zeit doch endlich eine Verständigung möglich wurde«, schreibt Pelny im Februar 1977 an den »[l]iebe[n] Genosse[n] Edmund Polak« und erwähnt, »daß Du über interessante Materialien und Dokumente zur Geschichte Mittelbau-Dora verfügst, woran wir sehr interessiert sind«. Ein Treffen der beiden in Warschau wurde vereinbart, Polak eruierte im Gegenzug die Möglichkeit einer deutschen Übersetzung des von ihm verfassten *Dziennik buchenwaldzki*, einer Chronik des Lagers Buchenwald, und kündigte die Fertigstellung eines Zwillingsprojektes an, das taggenau die Ereignisse im Lager Dora erhob und auflistete.

Zu dieser Fertigstellung kam es nicht mehr. Am 2. Mai 1980 kondolierte Kurt Pelny briefschriftlich der Witwe des im Februar verstorbenen »hochverehrten Freundes Edmund Polak«.

Damit war ich am Ende eines Lebens angekommen, hatte Daten und ein paar Zeilen in der Hand, dazu die abfotografierten Seiten des Papiertunnels. Auf diese konzentrierten Marc, meine Mitstreiterin Isabel und ich uns. Die Details und Hintergründe zum Leben Edmund Polaks interessierten uns damals, 2003, nur noch am Rande. Etwa wenn wir uns Gedanken machten, auf wen mit Polaks Tod eigentlich die Urheberrechte am Papiertunnel übergegangen waren, der ja immerhin ein Kunstwerk war: schließlich wollten wir ihn digital reanimieren und virtuell rekonstruieren und vermeiden, dass jemand kam und uns gegenüber Ansprüche geltend machte.

Auch diese sporadischen Gedanken wischten wir irgendwann beiseite und machten uns an die Arbeit.

Zum Sommersemester 2004 waren wir fertig. Der »Virtuelle Lern- und Dokumentationsraum ›Tunnel‹« ging online, bestehend aus einer originalgetreuen Animation des Papierkunstwerks, dessen polnischem Gedichttext eine deutsche Übersetzung unterlegt war und durch dessen Faltungen man sich Schritt für Schritt mausklicken konnte. An speziell markierten Stellen, sogenannten Hotwords, gelangte man in einen hypertextuell strukturierten Raum mit Informationen, Zeugenaussagen, historischen und historiographischen Dokumenten über jenen Ort, den der Papiertunnel symbolisierte: das Konzentrationslager Mittelbau-Dora und die unterirdische Rüstungsfabrik Mittelwerke, die von Herbst 1943

Abb. 2: Der »Tunnel«, digital rekonstruiert

bis April 1945 existierten und rund 20.000 unter unsäglichen Bedingungen zwangsarbeitenden KZ-Häftlingen das Leben kosteten.
Marc, Isabel und ich bekamen einen E-Teaching-Preis für das digitale Duplikat von Polaks »Tunnel«, das immer noch – bis heute – online zu finden ist: http://www.tud-online.tu-darmstadt.de/agerz/. Im Jahr 2011 wurde der »Tunnel« in einer Sonderausstellung in der Gedenkstätte Mittelbau-Dora und an der TU Darmstadt gezeigt: ohne die Lerninhalte im hypertextuellen Hintergrund und damit, sozusagen, Polaks Kunstwerk pur. Dann wurde die Sonderausstellung wieder weggepackt.

Noch ein Zeitsprung, diesmal ein kleiner von 2011 nach 2015, und noch ein Perspektivwechsel. Die andere von uns kommt an die Reihe, Magdalena Latkowska:

Im Februar 2015 reisen die neuen Partner eines vom Deutschen Akademischen Austauschdienst (DAAD) geförderten, universitären Koopera-

tionsprojekts erstmals zu uns nach Warschau. Sie, das sind drei Germanisten aus Wuppertal, angeführt von Professor Christian Efing, die mit uns, den Mitarbeiterinnen und Mitarbeitern am Lehrstuhl von Professor Sambor Grucza, deutsch-polnische Lehr- und Forschungsprojekte initiieren sollen. Die Deutschen stellen sich und ihre Arbeiten vor, und ganz ehrlich: die ersten beiden interessieren mich als Literatur- und Kulturwissenschaftlerin nicht besonders. Bei der dritten Präsentation ist das anders. In ihr geht es um den Übergang vom kommunikativen zum kulturellen Gedächtnis, der sich bei den Zeitzeugen aus dem Zweiten Weltkrieg und den nationalsozialistischen Vernichtungs- und Konzentrationslagern seit Längerem vollzieht. Die Zeitzeugen sterben weg, heißt es, und ihre Erinnerungen bleiben zwangsläufig unkommuniziert, es sei denn, man nimmt sie speichermedial auf, um sie für die Nachwelt zu erhalten und in das kulturelle Gedächtnis einzuspeisen. Der Wuppertaler Kollege zeigt zur Illustration Videoausschnitte von Kurzinterviews mit KZ-Überlebenden, die er selber angefertigt hat.
Mich sprechen der erinnerungstheoretische Hintergrund und die Interviewausschnitte an und ich denke gleich an eine mögliche Fortsetzung der Geschichte im Rahmen eines weiteren bilateralen Projekts, bei dem auch Studierende mitarbeiten sollen.
Die Interview-Kurzclips, die wir gezeigt bekommen, sind eingebettet in eine Online-Plattform, deren Rahmen ein ebenfalls vom Verschwinden bedrohtes Werk ausmacht. Bruno Arich-Gerz sagt, er habe dieses Artefakt mit Darmstädter Uni-Leuten digital rekonstruiert und damit auch, »wenn man so will«, für den Eingang ins kulturelle Gedächtnis bewahrt. Das Werk trägt den Namen »Tunnel«, sein Original ist aus zerfallsgefährdetem Papier und lagert lichtgeschützt in einem Archivdepot einer KZ-Gedenkstätte in Deutschland.
Geschaffen hat das Kunstwerk ein polnischer KZ-Häftling, der die Zeit in den Lagern überlebt hat und hier aus Warschau stammte. Vor allem deswegen hat Bruno Arich-Gerz es vor uns, den deutsch-polnischen Kooperationspartnern, die nach Formen und Vorhaben der Zusammenarbeit suchen, präsentiert.
Ich verstehe sofort, worum es ihm geht und was sich daraus machen ließe. Wenn dieser Edmund Polak nach seiner Befreiung zurück nach Warschau gelangt ist und bis zu seinem Tod hier gelebt hat (es gibt einen

Briefwechsel mit einem DDR-Gedenkstättenleiter, der das nahelegt), dann sollten sich hier in der Stadt, in ihren Archiven und Institutionen, unter ihren Einwohnern und an ihren Gedenkorten Spuren finden lassen, die zusammen mit dem, was man weiß, seine Lebens- und Schaffensgeschichte ergeben: komplett, vollständig. Noch am selben Abend, im Februar 2015, legen wir das »Editions-Projekt Edmund Polak« auf. Wir binden unsere Studierenden mit ein, die bald in Warschauer und anderen polnischen Archiven vorzügliche Arbeit leisten und fündig werden. Sowohl der Arbeitsaufwand als auch die Ergebnisse sind beeindruckend. Die Warschauer Studierenden forschen im Archiv des Instituts für Nationales Gedenken, im Museumsarchiv des Nazi-Gefängnisses Pawiak, im Museum Auschwitz-Birkenau, im Archiv der Neuen Akten sowie in zahlreichen Warschauer Bibliotheken und nicht zuletzt im Internet. Sie finden eine Fülle an Materialien: Krankenmeldungen, Personalakten, Listen und Verzeichnisse, auf denen Polaks Name steht, dazu Serien von Presseartikeln, die von ihm nach dem Krieg verfasst wurden. Bei den von mir betreuten, regelmäßig stattfindenden Projekttreffen besprechen wir die Ergebnisse der Recherche und machen uns Gedanken zum weiteren Verlauf der Arbeit.
Während eines Workshops in der KZ-Gedenkstätte in Nordhausen, also dort, wo 2003 alles begann, sichten wir im Sommer 2016 die Funde und übersetzten Ausschnitte der Texte Polaks.
Das Leben eines vielfältig interessierten und engagierten Publizisten, Literaten und Überlebenden der deutschen Terrorherrschaft konturiert sich. Es wird nach und nach schärfer und ist am Ende beinahe lückenlos. Wir wählen aus den überraschend vielen Schriften und Textgattungen, die Polak verfasst hat und beherrschte, die unseres Erachtens eindrücklichsten aus und übersetzen sie aus dem Polnischen ins Deutsche. Einige Übersetzungen erfolgen auch in die andere Richtung, vom Deutschen ins Polnische übertragen die Studierenden etwa die Briefe oder die einleitenden Texte, die von den Wuppertalern verfasst werden.
Die Ergebnisse unserer Arbeiten präsentieren wir vier Monate später auf einem weiteren Workshop. Meine Warschauer Studierenden konzentrieren sich in ihren Präsentationen auf die gefundenen Dokumente, die aus Wuppertal nehmen die Besonderheiten bei der Übersetzung in den Blick. Vor allem Polaks Lyrik erweist sich als Herausforderung, auch

wenn einige Gedichte bereits in exzellenter deutscher Übersetzung vorliegen, angefertigt von der Danzigerin Magdalena Izabella Sacha oder von Danuta Weber aus Woltersdorf bei Berlin.
Nach und nach vervollständigen wir die Übersetzungen, korrigieren und redigieren sie. Unsere Studierenden arbeiten in Warschau und Wuppertal gleichzeitig und tauschen via Internet ihre jeweiligen Texte aus. Die Ergebnisse diskutieren wir auf einem weiteren Workshop im Juni 2017. Ein Highlight dabei: das Treffen mit dem Sohn von Edmund Polak, Krzysztof, den wir in der Zwischenzeit aufgespürt und kontaktiert haben. Von ihm erhalten wir weitere wertvolle Eindrücke über das Leben und die Persönlichkeit seines Vaters und er lädt uns zu sich nach Hause ein. In einem Stadtteil am Rande von Warschau zeigt er uns sein Atelier: Krzysztof Polak arbeitet als Künstler und Restaurator von Kunstwerken.
Und dann, im letzten Schritt, fertigen wir die Begleit- und Einleitungstexte dieser Publikation an. Jedes der folgenden Kapitel wird also verfasst von einer oder einem von uns: von uns beiden, von Studierenden aus Warschau oder Studentinnen aus Wuppertal. Mehr noch, es soll zwei Publikationen geben: eine auf Polnisch und die andere, inhaltlich identisch, auf Deutsch – diese hier. Die Publikationen sind Lebensgeschichte, Werkbiographie und Lesebuch in einem.

Ohne den fantastischen Einsatz und das Engagement unserer Studierenden wären diese Publikationen undenkbar gewesen. Unser Dank geht an Nadja Durkiewicz, Paulina Gładysz, Beata Gruszka, Lidia Hutniczak, Grzegorz Kotecki, Milena Kuna, Giannina Maaß, Zuzanna Maksajda, Katja Meuer (jetzt Mucha), Nicole Polanski, Nadine Slowig und Karolina Stokłosa. Für uns sind sie nicht nur insgeheime Mitherausgeberinnen und Mitherausgeber, sondern die eigentlichen Triebfedern hinter dem Editions-Projekt Edmund Polak.
Dr. Agnieszka Dickel vom Instytut Komunikacji Specjalistycznej i Interkulturowej der Universität Warschau schulden wir großen Dank für ihre großartige Unterstützung und Übersetzungsarbeit.
Dem Deutschen Akademischen Austauschdienst (DAAD) in Bonn danken wir für die Förderung des Vorhabens im Rahmen der Wuppertal-Warschauer Germanistischen Institutspartnerschaft.

Ein großes Dankeschön geht an Dr. Stefan Hördler, Dr. Regine Heubaum, Torsten Heß und Brita Heinrichs von der KZ-Gedenkstätte Mittelbau-Dora in Nordhausen. Ohne Eure Mitarbeit, die engagierte Betreuung während des Workshops und Eure Gastfreundschaft wäre Edmund Polak nicht wiederzuentdecken gewesen.

Zu danken haben wir auch zahlreichen weiteren Institutionen in Polen und Deutschland: dem Archiwum Akt Nowych, dem Archiwum Instytutu Pamięci Narodowej, dem Muzeum Więzienia Pawiak, dem Muzeum Auschwitz-Birkenau, der KZ-Gedenkstätte Buchenwald (Dr. Michael Löffelsender) und dem Deutschen Polen-Institut in Darmstadt, in deren Reihe *Polnische Profile* wir unser biographisches Lesebuch präsentieren und Edmund Polak so (hoffentlich) dem Vergessen entreißen. Herzlichen Dank dafür an die Reihenherausgeber PD Dr. Peter Oliver Loew und Professor Dr. Dieter Bingen.

Besonders dankbar und sehr verbunden sind wir Krzysztof und Andrzej Polak für ihre Offenheit gegenüber unserem Anliegen. Immerhin sind wir tief in das Leben und Werk ihres Vaters eingedrungen, was immer auch familiäre Aspekte mit einschließt. Krzysztof Polaks unkomplizierte Art, die Auskunftsfreude bei unseren Fragen und nicht zu vergessen die kleine Home Story, für die er uns sein Atelier geöffnet hat, verdienen unsere große Wertschätzung. Dasselbe gilt für seinen jüngeren Bruder Andrzej, der uns zusammen mit seiner Frau Barbara in sein Haus vor den Toren Warschaus eingeladen und wortwörtlich mit einem Koffer voller Erinnerungen versorgt hat.

Zwischen Frieden und Kriegen: Kindheit, Jugend, Verhaftung und Konzentrationslagerhaft

Magdalena Latkowska

Edmund Polak kommt am 12. November 1915 in Warschau auf die Welt. Es ist keine einfache Zeit, Polen und ein Großteil Europas befinden sich im Ersten Weltkrieg. Der Familie Polak fehlt es aber, so dürfen wir vermuten, an nichts Wesentlichem zum Leben. Der Vater ist Leiter einer Zuckerfabrik, so die Angaben, die wir nach der Übergabe des alten Reisekoffers mit Dokumenten, Auszeichnungen und Notizbüchern durch Andrzej Polak einsehen können. Polak Senior wird über genügend finanzielle Mittel verfügt haben, um die Familie zu ernähren.

Wie er mit Vornamen genau hieß, dieser Vater, ist nicht eindeutig festzumachen. Edmund Polak gibt in den Auskünften, die er nach dem Zweiten Weltkrieg anfertigen musste, zumeist »Stanisław« an, manchmal auch in Kombination mit »Henryk«. Unsere Recherchen bestätigen vor allem die erste Variante, sie wird aber ergänzt um ein zweifellos interessantes Detail. Mehr als einmal findet sich in den Einwohnerregistern Warschaus und anderen Dokumenten auch der Eintrag »Szlama« oder »Stanisław Salomon Polak«. Edmund Polak war väterlicherseits möglicherweise jüdischer Abstammung.

Im Fall der Mutter ist dies mit an Sicherheit grenzender Wahrscheinlichkeit der Fall gewesen. Regina Polak, geborene Waghalter, stammte aus einer Künstlerfamilie, ihre Vorfahren und vor allem zwei ihrer Brüder, Edmunds Onkel, sind in der Musik der ersten Jahrhunderthälfte keine Unbekannten. Reginas älterer Bruder Ignatz brachte es zum Dirigenten und Komponisten im Deutschland der Weimarer Republik, es folgte eine Karriere in den Vereinigten Staaten. Zudem, so erfahren wir in seiner autobiographischen Schrift *Aus dem Ghetto in die Freiheit* (1936, mit Ghetto gemeint ist das jüdische Stadtviertel in Warschau vor und nach der Jahrhundertwende), war er ein die religiösen Gebote gewissenhaft achtender Jude. Auch Reginas Bruder Władysław brachte es in Deutschland als Geigenvirtuose zu hohem Ansehen.

Edmund Polaks jüdischer Familienhintergrund ist ein Aspekt seines Daseins, der ihn in unterschiedlichen Kontexten beschäftigt und vor allem während der deutschen Besatzung Polens ab 1939 sowie in seiner Konzentrationslagerhaft zu besonderen Vorsichtsmaßnahmen bewogen haben wird. Wir kommen darauf zurück.

Edmund Polaks Mutter Regina – so lässt sich vermuten – sorgt sich während seiner Kindheit um das Haus und die Kinder. Es handelt sich ganz offensichtlich um ein ›gutes Haus‹, in dem man großen Wert auf Ausbildung und Erfolg im Leben legt. Edmund ist eines von drei Kindern: außer ihm haben die Eltern noch eine Tochter, Janina, und einen zweiten Sohn, Adam.

Über die ersten Jahre Edmund Polaks weiß man nicht viel, sieht man davon ab, dass er mit zwölf Jahren einer Pfadfinderorganisation beitritt, die ihn, wie er mehr als einmal erwähnt, für sein ganzes Leben geprägt hat, und in der er von Anfang an aktiv tätig war.

Das Pfadfindertum liegt bei den Jugendlichen jener Zeit stark im Trend. In den Zeiten der Teilungen Polens verboten, erfreute sich die Organisation nach der Wiedererlangung der Unabhängigkeit nach 1918 einer großen Popularität, und das besonders unter den Jungen und Mädchen aus guten Häusern, in denen Patriotismus einen hohen Stellenwert besaß. Polaks Beitritt zu den Pfadfindern wundert also nicht.

Weniger typisch für das Leben eines jungen Menschen ist hingegen, dass er zeitgleich mit dem Beginn seiner Pfadfindertätigkeit großes Interesse an der Literatur zeigt und früh eigene literarische Gehversuche unternimmt. Zunächst sammelt er Erfahrungen in Schülerzeitungen, auf der Basis der dort entstandenen Texte publiziert er in den Zeitschriften der Pfadfinderorganisation: Na tropie (Auf der Spur), Skaut oder Zuch (beides: (junger) Pfadfinder).

In der ersten der sieben Kladden oder (wie er selbst sie nennt) Brulions, die sich in dem uns übergebenen Reisekoffer befanden, findet sich als erster Eintrag ein Gedicht mit dem Titel »Ostatni Dzień« (Letzter [Schul-]Tag) aus dem Jahr 1927. Bis 1935, also bis zu seinem zwanzigsten Lebensjahr, sind weitere sechs lyrische Arbeiten verzeichnet, die beiden Jahre danach weisen rund zwanzig weitere Einträge auf, darunter ein

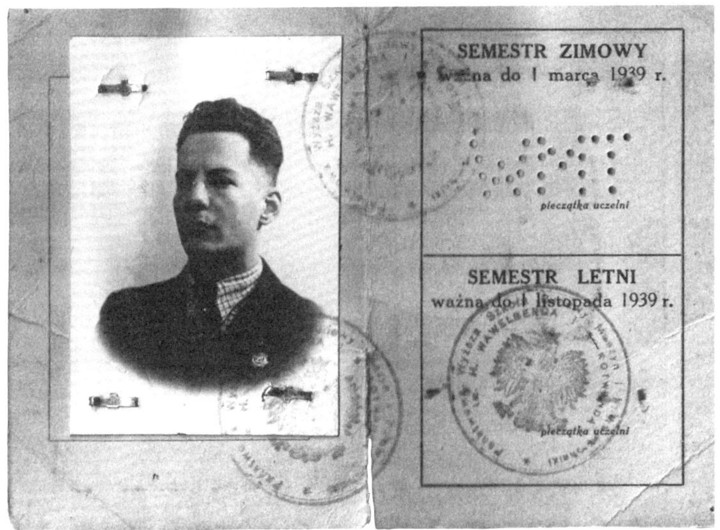

Abb. 3: Studentenausweis mit Foto für das Winter- und Sommersemester 1939

Gedicht »Alkohol« (1936) und zwei Briefe an eine nur mit Initialen vermerkte Person (»list« bzw. »list do K. J.«). Um wen es sich dabei handelt, zeigt ein Brief vom 26. Juni 1938: eine »Krystyna Jezierska« war die Adressatin, an die auch der letzte erhaltene Brief vor seiner Verhaftung durch die Gestapo mit Datum vom 13. April 1941 gerichtet ist. Wir nehmen an, dass es sich bei K. J. um eine Edmund Polak damals sehr nahestehende junge Warschauerin handelte.

Was wir noch über seine jungen Jahre wissen? Zuallererst, dass er eine gründliche Ausbildung erhält. Er besucht zunächst ein privates Gymnasium unter der Leitung des Towarzystwo Przyjaciół Szkoły Mazowieckiej (Gesellschaft der Freunde der Masowienschule) in Warschau und nach der 8. Klasse, im Frühling 1936, legt er seine Abiturprüfung in den geisteswissenschaftlichen Fächern ab. Danach beginnt er als Einundzwanzigjähriger ein Studium an der Staatlichen Höheren Schule für Maschinenbau und Elektrotechnik H. Wawelberg i S. Rotwand in Warschau, das er aber mit dem Ausbruch des Zweiten Weltkriegs unterbrechen muss.

Man könnte vermuten, dass der Krieg nicht nur der Ausbildung, sondern auch den künstlerischen Ambitionen Polaks ein Ende gesetzt hätte, die bis dahin nur aus schönen Erinnerungen aus der Jugendzeit bestanden. Das ist aber nicht der Fall, ganz im Gegenteil. Polak scheint seine literarische Tätigkeit zu intensivieren und entwickeln. Seinen ersten Roman, der den Titel *Braterstwo Czterech* (Bruderschaft der Vier) trägt und das Leben von Jugendlichen in der Pfadfinderorganisation beschreibt, beendet er im Jahr des Kriegsausbruchs 1939. Wie er sich später erinnert, versuchte er den Roman in der erwähnten Pfadfinderzeitschrift Skaut zu publizieren, die die einzelnen Kapitel tatsächlich zu drucken und später dann als gebundenes Buch herauszugeben plant. Der Kriegsausbruch verhindert jedoch die Umsetzung dieser Pläne. Das Original des Romans bleibt verschollen und nur einzelne Ausschnitte sowie einige Gedichte sind bei Bekannten Edmund Polaks aufbewahrt worden: Wir haben sie leider nicht alle ausfindig machen können. Immerhin, ein Ausschnitt aus dem Roman erscheint in *Tajemnice Alfabetu Morse'a* (Geheimnisse des Morsealphabets), das vom Verlag der Zeitschrift Na Tropie herausgegeben wird und auf das wir im kommenden Kapitel eingehen.

Wie aus dieser kurzen Beschreibung ersichtlich wird, waren die ersten und auch etwas späteren literarischen Proben Edmund Polaks sowohl inhaltlich als auch praktisch, sprich: das ›technische‹ Wissen vom Morsealphabet betreffend, an den Umständen und Erfordernissen der Pfadfinderorganisation orientiert. Polak wiederholt nicht ohne Grund immer wieder, dass ihn die Tätigkeit in der Pfadfinderorganisation moralisch geprägt habe: Die Werte, die er sich dort zu eigen machte, wurden für ihn in seinem weiteren Leben ausschlaggebend. Er richtete sich nach ihnen bei vielen Entscheidungen, die ihn noch erwarteten.

Während des Krieges führt Polak nicht nur seine literarische Tätigkeit fort, sondern findet auch zu einem ernsten politischen Engagement. Im Frühling 1940 tritt er der Untergrundorganisation Wolność (Freiheit) bei, in der er unter dem Pseudonym ›Stary‹ (der Alte) aktiv ist. Wolność gehört zu einer sozialistischen Organisation mit Wurzeln in Wilna, die sich später mit der PPS (Polnische Sozialistische Partei) zusammenschließt. Er erhält einen falschen Personalausweis mit quasi-authentischen Personalangaben, in die man lediglich den zweiten Buchstaben im Namen, das zweite L einfügt: Pollak.

Der Tag, der seine Vorkriegsbiographie und die ersten Kriegsjahre von der düsteren Wirklichkeit der Gefängnisse und Konzentrationslager trennt, die Polak bis zum Ende des Krieges er- und durchleben muss, ist der 16. Mai 1941. An diesem Tag wird er von der Gestapo in Warschau unter dem Verdacht inhaftiert, Zeitungen und Zeitschriften mit sozialistischem Inhalt verbreitet zu haben. Er wird in das Gestapogefängnis Pawiak in der Dzielna-Straße gebracht, wo er Verhören und Folterungen ausgesetzt ist – und wo er ein Gedicht verfasst.

Sein Plan, dieses Gedicht aus dem Gefängnis zu schmuggeln, schlägt zwar fehl. Das Schreiben und die anschließenden Versuche, das Geschriebene nach außen zu schmuggeln, bleiben aber typisch und werden auch für Polaks Zeit in den nationalsozialistischen Konzentrationslagern, in die er deportiert wird, charakteristisch sein. Seine Flucht in die Kultur des Schreibens, der Literatur und ihrer Rezitation hilft ihm, wie er sich später mehrmals erinnert, selbst die grausamsten Momente der Lagerhaft zu überleben.

Im Pawiak-Gefängnis befindet sich Polak bald in einem so schlechten gesundheitlichen Zustand, dass er ins Krankenhaus gebracht wird. Kurz danach, am 27. Mai 1941, erfährt er, dass er für einen Transport nach Auschwitz vorgesehen ist, wo er am 29. Mai eintrifft, die Gefangenennummer 16713 erhält und als politischer Häftling (was zugleich bedeutet: nicht als Jude) eingestuft wird. Auch in Auschwitz wird er zunächst, wohl wegen des anhaltend schlechten Gesundheitszustandes, als Patient ins Krankenhaus eingewiesen. Dann arbeitet er in verschiedenen Kommandos: in der Bauhof-Ziegelkolonne, als Kartoffelschäler, im Kiesgrube-Lager, im Kommando »Rollwagen 1« und, wie er später angibt, in den Bruna-Werken (was einen Schreibfehler nahelegt und eine Tätigkeit in den Buna-Werken, auch bekannt als Auschwitz III oder Auschwitz-Monowitz, bedeutet haben könnte). Für längere Zeit arbeitet er auch in den Deutschen Ausrüstungswerken (DAW), wo KZ-Häftlinge für die Versorgung von Frontsoldaten mit winterfester Kleidung herangezogen wurden, dazu als Fahrer und Dachdecker, schließlich im Jahre 1942 als Putzhilfe bei einem der SS-Unteroffiziere des Lagers.

Parallel verfasst er weiterhin Gedichte, und das in verschiedenen Sprachen, darunter auf Deutsch. Die Brulions, die wir haben sichten können, weisen in dieser Zeit Übersetzungen seiner ursprünglich polnischen Gedichte

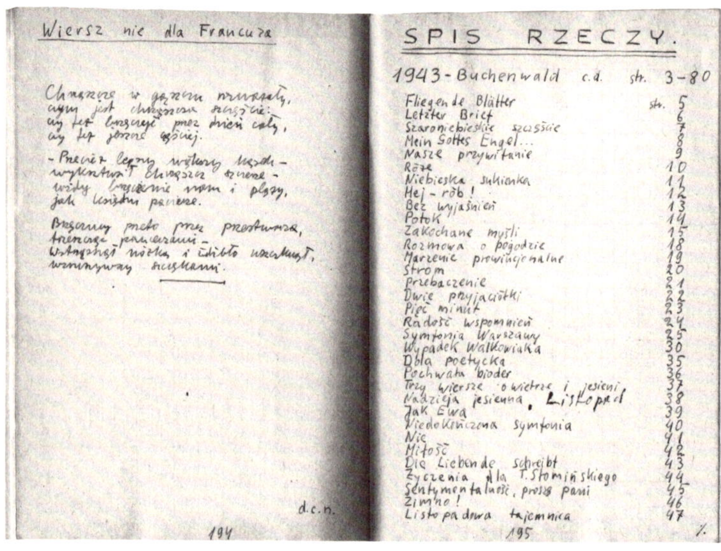

Wiersz nie dla Francuza

d.c.n.

194

SPIS RZECZY.

1943 - Buchenwald c.d.	str. 3-80
Fliegende Blätter	str. 5
Letzter Brief	6
Szaroniebieskie szczęście	7
Mein Gottes Engel...	8
Nasze przywitanie	9
Róże	10
Niebieska sukienka	11
Hej - rób!	12
Bez wyjaśnień	13
Potok	14
Zakochane myśli	15
Rozmowa o pogodzie	18
Marzenie prowincjonalne	19
Strom	20
Przebaczenie	21
Dwie przyjaciółki	22
Pięć minut	23
Radość wspomnień	24
Symfonia Warszawy	25
Wypadek Walkowiaka	30
Dbla poetycka	35
Pochwała bioder	36
Trzy wiersze o wietrze i jesieni	37
Nadzieja jesienna. Listopad	38
Jak Ewa	39
Niedokończona symfonia	40
Nic	41
Miłość	42
Die Liebende schreibt	43
Życzenia dla T. Słomińskiego	44
Sentymentalność, proszę pani	45
Zimno!	46
Listopadowa tajemnica	47

195 ./.

Abb. 4: Inhaltsverzeichnis aus Polaks Brulion Nr. 2 (Ausschnitt)

ins Deutsche auf, etwa »Apfelsinnen« [sic] seiner Dichtung »Trzy pomarańcze«. Die Vermutung liegt nahe, dass Polak nicht erst in Auschwitz Deutsch gelernt und seine Kenntnisse zu einer Perfektion gebracht hat, die es ihm erlaubte, eigene polnische Gedichte zu übersetzen. Vielmehr wird ihm Deutsch schon vorher als Sprache vertraut gewesen sein.

Da in Auschwitz unvorstellbare Bedingungen herrschen und Papier Mangelware ist, versucht Polak, seine selbst geschaffene Lyrik auswendig zu lernen, was der Hunger und die daraus folgende allgemeine Schwächung jedoch erheblich erschweren. Während des Aufenthaltes in Auschwitz schreibt er insgesamt ungefähr dreißig Gedichte, von denen er sich nur dreizehn merkt und später in seinen Brulions aufführt.

Am 10. März 1943 wird er zusammen mit zahlreichen anderen Häftlingen ins Konzentrationslager Buchenwald transportiert, wo er ebenfalls zu Zwangsarbeit herangezogen wird. In Buchenwald blüht seine künstlerische Tätigkeit weiter auf, nicht zuletzt, weil hier vorteilhaftere Bedingungen herrschen: auch und selbst für Lyrikschaffende, die aus dem feindlichen Ausland hierher gelangt sind. Die organisatorischen Belange der Inhaftierten des Lagers werden im Rahmen der Häftlingsselbstverwaltung von deutschen Antifaschisten wahrgenommen und die Untergrundtätigkeit ist aus diesem Grunde ziemlich gut entwickelt. Edmund Polak erinnert sich später in einer biographischen Notiz (nota biograficzna), die sich in den Unterlagen des Muzeum Więzienia Pawiak findet:

> *Dank dessen konnte ich mir schon in der Quarantäne Gedichte und Lieder ausdenken, die ich bald aufzuschreiben begann, fast alle auf dem von den Kollegen besorgten Papier. In diesem Lager durfte man über kleines privates Eigentum verfügen. Dank des Beitritts in die linke Lagerorganisation war es für mich leichter, meine Werke aufzubewahren. Man hat mir auch Hefte besorgt, in denen ich neue Werke von den Zetteln abschrieb und die Originale, die nicht immer politisch korrekt waren, zerrissen habe.*

In Buchenwald entsteht sein Papierkunstwerk »Tunnel« und er teilt sich anderen Häftlingen mit, die ihn anspornen, weiter zu schreiben: Er erinnert sich in diesem Zusammenhang besonders an Jan Zygmunt Jakubowski, der in Buchenwald einen Club der Poesieliebhaber gegründet hatte, in dem außerhalb der Zwangsarbeitszeiten reguläre Treffen stattfanden. In Polaks Notiz lesen wir weiter:

> *Ich nahm auch an legalen, halblegalen und illegalen künstlerischen Auftritten teil und schrieb Texte für größere und kleinere Szenen. Ich schrieb gereimte Briefe für Kollegen, die dann vom Lager illegal an ihre Familien geschickt wurden, Glückwünsche aus verschiedenen Anlässen, satirische Lieder, die die Machthaber im Lager und ihre Verordnungen kritisierten, die die Kollegen aufmuntern sollten, zum Aufstand aufriefen, die aktuelle politische Lage erklärten und die meine Ansichten darstellten, und darüber hinaus schuf ich Lieder gemeinsam mit den Komponisten aus dem Lager, vor allem mit Kazimierz Tymiński und Józef Kropiński, sowohl für die Lagerbühne als auch mit einem universellen Inhalt, vor allem lyrischer Art. Ich schrieb viele lyrische Gedichte, Kurzgeschichten, ein Drehbuch, ein Operettenlibretto und für die geheime Bühne ein Drama* Przebudzenie *(Erwa-*

chen), das die Gründe für die Niederlage des Warschauer Aufstandes erklärte. Um mein Schaffen auch für Mitgefangene anderer Nationalitäten zugänglich zu machen, schrieb ich Gedichte und Lieder in deutscher, tschechischer, englischer und russischer Sprache sowie in Esperanto. Ich übersetzte auch viele literarische Werke aus verschiedenen Sprachen ins Polnische und umgekehrt. Die vollständige Aufzeichnung meiner im Lager geschriebenen Werke beinhaltet insgesamt 450 Positionen, darunter einige Gedichtzyklen.

Die in Buchenwald stattfindenden Proben für das Stück *Przebudzenie* unterbricht die Evakuierung des Lagers am 8. April 1945. Nach einer langen und strapaziösen weiteren Deportation – die Häftlinge gehen wechselweise zu Fuß und werden mit dem Zug transportiert – endet diese Evakuierung am 27. April im Konzentrationslager Dachau bei München.

Genauer hingeschaut: Edmund Polaks Pfadfinderjahre

Grzegorz Kotecki

Die Zeit zwischen den beiden Weltkriegen wird in den Geschichtsbüchern als Wendepunkt für das Schicksal Polens beschrieben. Nach 123 Jahren der Teilung durch die Nachbarmächte Russland, Preußen-Deutschland und Österreich gewann das Land 1918 seine Freiheit und Unabhängigkeit zurück. Der einsetzende Frieden führte zu deutlichen Veränderungen im gesellschaftlichen Bewusstsein. Es kam zu einer schnellen Entwicklung der Städte, in denen neue Zentren des gesellschaftlichen, politischen und kulturellen Lebens entstanden. Nach mehr als einem Jahrhundert war eine Generation herangewachsen, in deren elterlicher und schulischer Erziehung Werte wie Solidarität, Selbstentfaltung und nicht zuletzt der Dienst an der Allgemeinheit und den genuinen Belangen Polens eine Hauptrolle spielten. Die jungen Menschen nahmen dies an und engagierten sich in ihrer Freizeit für das gesellschaftliche Leben, indem sie in zahlreichen Organisationen mitwirkten. Viele traten der Pfadfinderbewegung bei.

Aus Wacław Błażejewskis Studie *Z dziejów harcerstwa polskiego (1910–1939)* über das Pfadfinderwesen im Polen der Zwischenkriegszeit wissen wir, dass sich im Jahr 1938 mehr als zweihunderttausend Kinder und Jugendliche der Bewegung angeschlossen hatten, die vor dem Ersten Weltkrieg vom britischen Offizier Robert Baden-Powell gegründet worden war (der von Scouts sprach, was sich im Polnischen als Lehnwort erhalten hat: skaut). Genau waren es 204.738 junge Polen, deren jüngste zwischen sechs und elf Jahren alt waren und als ›zuchy‹ (Wölflinge) an die Ideale und Aufgaben des Pfadfindertums herangeführt wurden. Die Pfadfinderorganisation gehörte so zu den wichtigsten, weil attraktivsten Bewegungen der polnischen Jugend. Auch für den jungen Edmund Polak spielte sie eine große Rolle. Sein Engagement in der Pfadfinderbewe-

gung ist beeindruckend: das gilt für die Zeit vor dem Krieg genauso wie für die danach. Eine publizistische Wegmarke dieses Engagements findet sich im Jahr 1939, kurz vor Ausbruch des Zweiten Weltkriegs.
Tajemnice Alfabetu Morse'a (Die Geheimnisse des Morsealphabets) erscheint im Verlag Na Tropie. Es ist chronologisch die erste Veröffentlichung Polaks, die bis heute erhalten geblieben, sprich: in Bibliotheken aufzufinden ist. Das Buch ist der 21. Warschauer Pfadfinderabteilung gewidmet, in der Polak – wie wir von seinem langjährigen Weggefährten Zygmunt Zonik wissen – selbst Mitglied war.
Tajemnice Alfabetu Morse'a ist ein Lehrbuch für Pfadfinder-Wölflinge, die mehr über das Morsen und die dazugehörigen Techniken der Übertragung erfahren möchten. Polak schreibt, er habe beim Verfassen des Büchleins zwei Ziele vor Augen gehabt.
Einerseits möchte er jungen Pfadfindern beibringen, wie man sich auf schnelle und zugleich leicht verständliche Art das Morsealphabet aneignet. Gleich zu Beginn führt er Beispiele für Situationen an, in denen Morsekenntnisse unentbehrlich werden können: etwa wenn man dringend eine Botschaft übermitteln muss, aber die Telegraphen- oder eine andere Übertragungsleitung beschädigt ist, oder wenn die Entfernung zu groß ist, um Feldfernsprecher zu benutzen. Mithilfe des Morsealphabets lassen sich dann Rufzeichen, chiffrierte Geheimbotschaften oder codierte Abkürzungen abschicken. Auch drahtlose Verbindungen kann man in solch einem Fall nutzen, dazu Amateurfunkfrequenzen oder Übertragungen mit Hand-, Licht- und Tonsignalen.
Zum anderen ist Polak daran gelegen, seinen Lesern logisches Denken beizubringen. Er ist sich bewusst, wie ambitioniert solch eine Aufgabe ist, und sucht nach einem interessanten didaktischen Ansatz. Er findet ihn schließlich in der Verwendung von Spielen.
Insgesamt 45 solcher Spiele entwirft er, um seinem jungen Publikum das Erlernen des Morsealphabets leicht zu machen. Er rät, zunächst mit dem Alphabet selbst vertraut zu werden, und schlägt vor, eine Tabelle mit allen Zeichen des Morsealphabets zu erstellen. Auch einen Spickzettel (eine ściągaczka, wörtlich: einen Wischer) sollen seine Morseschüler anfertigen und ihn bei der Bearbeitung der dann folgenden Aufgaben nutzen. Außerdem präsentiert er verschiedene Methoden, sich das Aussehen der einzelnen Zeichen einzuprägen und regt an, sich dafür eigene Bilder aus-

zudenken und zu zeichnen. Das Morsealphabet könne man sich auch akustisch merken, fügt er an, indem man Texte mit Hilfe eines Summers funkt. Polak empfiehlt, mit Einheiten zu üben, die aus vier Buchstaben bestehen, aus vier Zahlen oder solchen, die gemischt sind und Zahlen, Buchstaben und Satzzeichen enthalten. Für diese Übungen sei der frühe Morgen die ideale Tageszeit: zum Beispiel in den Minuten vor dem Frühstück im Pfadfinderlager.

Haben die Pfandfinder das Alphabet erst einmal verinnerlicht und kommen ohne Spickzettel aus, dann schlägt er vor, morsecodierte Botschaften auch mit Hilfe von Schildern und Fahnen zu übertragen: ganz so, wie man es aus der zeitgenössischen Schifffahrt kennt. Zugleich regt er an, das Morsen während der regelmäßigen Pfadfinder-Ausflüge zu nutzen: nachts, oder immer dann, wenn diese Methode der Nachrichtenübertragung nützlich erscheint.

Tajemnica Alfabetu Morse'a ist der erste große Meilenstein in Edmund Polaks Arbeit für die Pfadfinderbewegung, der er sich sein Leben lang verpflichtet fühlt und in der er sich auch später aktiv engagiert. Die Erfahrungen, die er und andere als ›zuchy‹ und danach als Jugendliche sammelten, haben nicht nur sein Weltbild geprägt, sondern waren offenkundig auch wesentlich für die Entstehung eines Gerüstes an Werten, an die er glaubte und von denen er selbst als Häftling in den Konzentrationslagern nicht abließ. Im Gegenteil, seine Sozialisation unter den Pfadfindern, die dort erworbene innere und körperliche Stärke und sein Orientierungssinn trugen dazu bei, diese Haft und den Krieg zu überleben. Sowohl für ihn als auch für viele seiner Mitpfadfinder wurden der Zweite Weltkrieg und die Konzentrationslager zur Probe ihrer humanitären und patriotischen Haltung, wie Zygmunt Zonik in seinem Buch *Alert trwał 5 lat* (1989) ausführt.

Auch in seinen Publikationen aus der Nachkriegszeit knüpft Polak an den Dienst in der Pfadfinderorganisation vor 1939 an. Er erinnert sich gerne an die Pfadfinderlager, in denen er die Funktion des Quartiermeisters einer Pfadfinderabteilung ausübte, an die Teilnahme an Pfadfindertreffen und die jungen und älteren Menschen, die er im Warschauer Pfadfinderheim kennengelernt hatte.

Seine Tätigkeit als Teenager und junger Erwachsener in der Pfadfinderorganisation beeinflusst auch sein späteres literarisches Schaffen. Mehr als einmal verfasst er Texte, die sich mit fürsorglichem Gestus an Seinesgleichen richten. So wie er anfangs für diverse Zeitschriften der Pfadfinderbewegung geschrieben und ein Morse-Lehrbuch entworfen hatte, schreibt er hinter dem Stacheldraht der Konzentrationslager Gedichte, die anderen Mithäftlingen gewidmet sind. In seinem Nachkriegswerk *Morituri* (auf das wir unten genauer eingehen) erinnert er sich, dass für ihn und seine Mithäftlinge das geschriebene Wort eine Flucht – wie kurzzeitig auch immer – vor dem Hunger, der Kälte, der Brutalität und der Missachtung der Menschenwürde um sie herum bedeutete. Gedichte, darunter auch seine eigenen, halfen dabei, nicht ständig an den Hunger, den Schmerz und den Tod zu denken. Sie halfen, sich vor der Hoffnungslosigkeit des Wartens, der omnipräsenten Gewalt und vor der Gleichgültigkeit gegenüber dem Schicksal anderer Menschen zu schützen.

Nachgelesen bei Edmund Polak

»**Der Tierkopf**«
(aus: *Tajemnice Alfabetu Morse'a.* Warszawa 1939, S. 32–35)

Jetzt kommen wir zu einer weiteren Chiffrierung, dieses Mal der eines verschollenen Briefes an drei Pfadfinder. Ich zeige euch, wie sie die Verschlüsselung durch kluges Argumentieren geknackt haben.
[Die Nachricht] bestand aus Druckbuchstaben, nur in der Ecke war der Kopf eines Tieres gezeichnet, daneben die Letter ›e‹ ... Zuerst meldete sich Franek zu Wort und wies darauf hin, dass der Kopf des Tieres und der Buchstabe ›e‹ wohl einen Schlüssel enthielten, mit dem sich die Botschaft entziffern ließ. Dann ergänzte Bolek, dass jede Gruppe von Buchstaben jeweils einen Buchstaben darstellen sollte. Der Brief las sich so:

brt – kla smc mae shii ei ra ou y – 17-^{30} *– isko kat zzae nui – feao oe ais kun e tp – omn y cóc kuyi ayk ło koń wvx utl mars bh –*

›Die Zeilenanfänge markieren sicherlich den Beginn eines Wortes [und die Gedankenstriche stehen für Wortgrenzen]‹, erkannte Franek, ›also kann das erste Wort [= brt], das [im Klartext] nur aus einem Buchstaben besteht, nur ein a, ein i, o, u, w oder z sein. [Denn andere einbuchstabige Wörter gibt es im Polnischen nicht.] *a* und *i* sind Konjunktionen [beide stehen für: und] und werden am Anfang von Sätzen nicht verwendet. Daraus können wir schließen, dass der Brief nur aus einem Satz besteht, und seine Hauptaussage damit eingrenzen. Wenn der Satz mit ›z‹ beginnt [also einer Präposition], kann es heißen, dass mit jemandem etwas gemacht wird, oder es wird ein Ausgangspunkt bezeichnet, von dem man sich wegbegibt. Wenn er mit [der Präposition] ›w‹ beginnt, kann ein Ort gemeint sein, den ich nicht kenne, zum Beispiel *im* Haus x. Oder ein Zeitpunkt, etwa *am* Montag. Beginnt der Satz mit ›u‹ [= bei], dann ist eine Person gemeint: das heißt, dass es hier um ein Treffen gehen könnte‹.

›Entschuldige mal‹, unterbrach Bolek, ›das muss nicht unbedingt bei einer *Person* bedeuten. Es kann auch *bei* einem Brunnen oder *bei* einer Tränke sein. Auch wenn es unwahrscheinlich ist, können wir erst einmal nichts ausschließen. Bei einem solchen Satzanfang dürfen wir lediglich annehmen, dass es sich um einen Aussage- oder einen Fragesatz handelt. Und dann sind da noch die restlichen Buchstaben. Zu welchem Zweck sind die da? Aus welchem Grund? *Bei* wem? Um was geht es hier eigentlich?‹

›Es macht wenig Sinn, uns in einem Brief so etwas zu fragen‹, sagte Franek. ›Dass es sich um eine geheime Aufforderung handelt, käme da schon eher hin. Das ›o‹ würde dann auf eine Zeitangabe hindeuten. Ein paar Zeichen weiter steht 17-30, so dass der Brief wohl beginnt mit: Um 17.30 Uhr [= o godzinie 17-30]. Das zweite Wort in diesem Satz müsste dann ›godzinie‹ lauten [= Stunde], ein Wort mit acht Buchstaben. Es muss stimmen, denn wir haben acht Buchstabengruppen [mal als Viererbündel: s h i i; mal als Dreier, etwa: kla oder smc; mal Zweier: ra, ei; und eine Einergruppe: y]. Wir sind brillant!‹

›Mag sein, aber mit deinem Geistesblitz wirst du nicht weit kommen. Denn ab hier lässt sich nichts mehr logisch ableiten. Alles Mögliche kann um 17.30 Uhr passieren. Auch der Vergleich von Buchstaben mit Buchstabengruppen bringt uns nichts. Denn sieh mal, das Wort ›godzinie‹ enthält zweimal den Buchstaben ›i‹. Einmal wird er durch die Buchstabengruppe ›*ei*‹ und ein anderes Mal durch die Gruppe ›*ou*‹ ersetzt. Beide Gruppen bestehen aus Vokalen. Hier bin ich mit meinem Latein am Ende. Ohne den Chiffrierschlüssel zu kennen, kann ich unmöglich weitermachen‹.

›Der Schlüssel steckt im Seehundkopf‹, bemerkte Franek.

›Entschuldige mal, ein Seehund hat keine so vorstehenden Stoßzähne‹, sagte Bolek.

›Was hast du gesagt? Warte, warte, warte, ich denke, ich habe es. Lass es mich schnell überprüfen. ›g‹ – eine Dreierbuchstaben-

gruppe, ›i‹ – zwei Buchstaben in der Gruppe, ›z‹ – vier Buchstaben. Großartig. Und so clever durchdacht! Da hast du es!‹
›Ich habe gar nichts‹, sagte Bolek resigniert, ›und verstehen tue ich auch nichts mehr‹.
›Du Trottel aber auch! Ich bin noch nicht ganz durch, aber auf dem richtigen Weg. Wenn ich bloß das Morsealphabet besser kennen würde …‹.
›Das Morsealphabet? Der Brief ist also mit Morsezeichen geschrieben?‹ Bolesław war überrascht. ›Aber wo sind die Punkte und Striche, und warum überhaupt in der Morse-Schrift?‹
›Siehst du es denn immer noch nicht, du Schafskopf‹, triumphierte Franek, ›dass dieser Seehund kein Seehund ist, sondern ein Walross, weil es lange Eckzähne hat. Und Walross [polnisch: mors] plus ›e‹ ergibt Morse.‹
Heniek Orzechowski, der dritte der Freunde, trat hinzu.
›Woraus besteht also die Verschlüsselung?‹, fragte er. ›Dieser Tierkopf weist hin auf …‹
›Wir wissen es, wir wissen es jetzt‹, unterbrachen ihn die anderen, ›auf das Morsealphabet!‹
›Der Brief beginnt mit: Um 17.30 Uhr‹, sagte Franek, ›damit bedeutet jeder Buchstabe in den Buchstabengruppen einen Punkt oder eine Linie. Der Buchstabe ›i‹ zum Beispiel wird im verschlüsselten Brief durch zwei Vokale wiedergegeben‹.

›Was im Morsealphabet den Punkten entspricht‹, folgerte Orzechowski. ›Und für die Linien stehen hier Konsonanten, klar doch‹.
›Du bist genial‹, lobte Bolek ihn. ›Aber lasst uns weiterlesen: Um 17.30 Uhr, dann [isko, also:] ein Punkt, zwei Linien, ein Punkt: ›p‹. Punkt, Linie, Punkt* oder ›r‹, dann ›z‹, ›e‹ und am Ende des Wortes ein ›d‹. Zusammen ›przed‹ [= vor]. b … i … u … r … e m [= Büro], werbunkowym‹.

(aus dem Buch »Braterstwo Czterech / Bruderschaft der Vier« Übersetzung: Grzegorz Kotecki, Giannina Maaß, Bruno Arich-Gerz)

Anmerkung

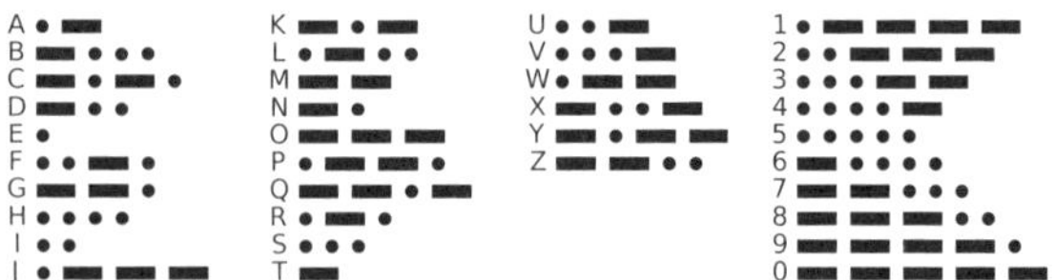

brt – kla smc mae shii ei ra ou y – 17-^{30} – isko kat * *zzae nui* ** *– feao oe ais kun* * *e tp – omn y cóc* * *kuyi ayk ło koń wvx utl mars bh –*

O godzinie 17-30 przed biurem werbunkowym.
Um 17.30 Uhr vor dem Personalbüro.

* Bei der Morsecodierung des Buchstabens ›r‹ unterläuft Polak ein Fehler. Statt Vokal-Konsonsant-Vokal für kurz-lang-kurz (oder Punkt, Linie, Punkt) notiert er in der Geheimbotschaft: Konsonant-Vokal-Konsonant bzw. Lang-kurz-lang (= ›k‹). Würde man es tatsächlich jemandem morsen, dann käme beim Empfänger ›biukem wekbunkowym‹ an statt ›biurem werbunkowym‹.
** Noch ein Fehler. Hier vergisst Polaks Morsecode offenbar das ›e‹ zwischen dem ›z‹ (= zzae bzw. lang-lang-kurz-kurz) und dem ›d‹ (= nui bzw. lang-kurz-kurz) in ›przed‹.

KZ-Haft und der Lyriker

Gianinna Maaß

In seinem fünfundzwanzigsten Lebensjahr (die Zahl 25 wird er noch mit Bedeutung aufladen) entschließt sich Edmund Polak zum aktiven Widerstand gegen die Besatzer aus Deutschland. Ein Ausschnitt aus einem seiner »Życiorysy« (Lebensläufe), hier dem vom 23. April 1949, belegt dies: »1940 bin ich in die Untergrundgruppe Wolność eingetreten, eine Gruppe, die sich später der *Polska Partia Socjalistyczna* [der Polnischen Sozialistischen Partei] angeschlossen hat«.

Auf den ersten Blick liegt die Vermutung nahe, dass Polak die PPS hier aus Opportunitätsgründen erwähnt. Immerhin hatten der Sozialismus und Parteien, die ihn im Namen trugen, im Jahr 1949 einen guten Klang bei all denen, die in der neu entstandenen Volksrepublik Polen über Ämter und Posten zu entscheiden hatten. Und ein Jahr zuvor, 1948, war die PPS – die im Übrigen nach dem Einmarsch der Deutschen an der Bildung der polnischen Exilregierung in zuerst Paris und später London beteiligt war – mit einer weiteren Partei zur Polnischen Vereinigten Arbeiterpartei (PVAP bzw. auf Polnisch: PZPR) zwangsvereinigt worden, die bis 1989 die Geschicke Polens bestimmen sollte.

Ein zweiter Blick zeigt aber, dass die Erwähnung der PPS nicht als Kotau vor den neuen Machthabern aufzufassen ist. Bei Wolność – später Barykada Wolności (Barrikade der Freiheit) – handelt es sich um eine konspirative Gruppe aus Warschau, deren junge Mitglieder sich aus den Rängen der Arbeiteruniversität und Pfadfinder rekrutierten. Zu ihren Anführern zählte mit Stanisław Dubois ein politischer Aktivist und ehemaliger Sejm-Abgeordneter in der Zweiten Polnischen Republik (1918-1939). Dubois wurde im Jahr 1940 in Warschau verhaftet und über das Pawiak-Gefängnis als politischer Gefangener nach Auschwitz deportiert. Ob Polak und Dubois sich kannten und, wenn ja, wie intensiv ihr Kontakt war, müssen wir dahingestellt sein lassen. Augenfällig ist jedenfalls

der anfangs beinahe identische, nur um ein Jahr verschobene Schicksalsweg beider während der deutschen Besatzung: »Ich wurde am 16.5.1941 wegen Zeitungs- und Zeitschriftenvertriebs durch die Gestapo in Warschau festgenommen«, heißt es in Polaks Lebensskizze. Vermutlich gehörte es zu seinen Aufgaben innerhalb der Gruppe, Widerstandsorgane wie die zweiwöchentlich erscheinende BARYKADA WOLNOŚCI zu verteilen. Ausgestattet war er dafür mit gefälschten Papieren, die allerdings authentische Personalangaben enthielten. »Ich wurde im Pawiak-Gefängnis eingesperrt«, fährt er in seinen Angaben fort, »von wo ich am 27.5.1941 nach Auschwitz transportiert wurde«.
Die Deportation in das Konzentrations- und Vernichtungslager erfolgte nach Tagen der Folter und brutalen Verhöre durch die Gestapo. Gleichzeitig müssen es diejenigen Tage und Stunden gewesen sein, in denen Polak die qualvollen Erfahrungen der Erniedrigung, Ohnmacht und des Ausgeliefertseins erstmals nicht nur physisch und psychisch, sondern auch lyrisch zu be- und verarbeiten begann. Noch in der Pawiak-Haft, erinnert er sich, habe er ein Gedicht verfasst, das aus dem Gefängnis herausgeschmuggelt werden sollte, aber bis heute verschollen geblieben ist.
In Auschwitz-Birkenau kam er zwei Tage später, am 29. Mai 1941 an und erhielt die Häftlingsnummer 16713. Die Entmenschlichung, die mit der Ersetzung des Namens durch eine Nummer einhergeht, begleitete ihn auf seinem Weg durch verschiedene Kommandos, in denen er Zwangsarbeit zu verrichten hatte. Zu seinem Glück waren unter den Arbeiten auch solche, die weniger kräftezehrend ausfielen als die körperlich anstrengende Schufterei in Baukommandos, Kiesgruben oder einer Ziegelei, die er zeitweise auf sich zu nehmen hatte. Arbeitseinsätze in (so seine späteren Angaben) der Fahrbereitschaft, als Kartoffelschäler und persönliche Reinigungskraft eines Lageroffiziers werden mit dafür verantwortlich gewesen sein, dass er die Haft in Auschwitz und ab März 1943 einen fast zweijährigen Aufenthalt in Buchenwald, dazu im April 1945 seine letzte Deportation ins KZ Dachau nicht mit dem Leben bezahlen musste. Möglich, um nicht zu sagen hochwahrscheinlich, aber in den gesichteten Dokumenten nicht belegt ist, dass er als polnischer politischer Häftling eine strategisch wichtige Rolle in den diversen Widerstandsgruppen in den Lagern bekleidete. Dieser besondere Status würde erklären, dass Häftlingskameraden ihm im Rahmen der sogenannten Häftlingsselbst-

Abb. 5: Edmund Polak auf Häftlingsfotos aus Auschwitz

verwaltung einen Platz in den weniger strapaziösen Arbeitskommandos zuweisen konnten.

Denn Edmund Polak konnte sich nachweislich auch in Auschwitz und Buchenwald verhältnismäßig frei bewegen und zudem künstlerisch betätigen. Mehr noch, er hatte Zugang zu Bauplänen von KZ-Baracken, die er als Trägermaterial für sein als Geschenk angefertigtes Langgedicht »Tunnel« benutzte. Ohne eine entsprechende Position innerhalb der Häftlingshierarchie, ohne das Stillschweigen und die Protektion durch Mithäftlinge und vor allem ohne die Möglichkeit, seine Papier-Beute sicher zu verstecken, wäre ein solcher Diebstahl aufgeflogen und von der Lager-SS drakonisch bestraft worden.

Womit wir bei Polaks schriftstellerischem Schaffen während seiner Zeit als KZ-Häftling angelangt sind. Allen erhaltenen lyrischen Texten aus seiner Feder eigen ist das Bestreben, die Auswirkungen der Lagerhaft auf die innere und äußere Verfasstheit der Häftlinge aufzuzeigen: auf die Prozesse der allmählichen Entkräftung und schleichenden Resignation, aber auch den von der brutalen Unterdrückung erst recht gereizten Durchhaltewillen und das Bemühen, sich psychisch und physisch nicht brechen zu lassen. Damit leistet er selbst mit dem Akt des Verfassens und Verbreitens von Lyrik über das Lager *im* Lager einen Beitrag zum Widerstand.

In Auschwitz war er tatsächlich zunächst Vermittler, kein Verfasser von Lyrik und trug gemeinsam mit Stanisław Arct und Czesław Ostańkowicz die Gedichte Ryszard Stańkowskis an die mit ihm inhaftierten Schicksalsgenossen weiter. Dann fing er selbst an, (wieder) zu dichten. Eine wichtige Rolle fiel dabei Tadeusz Pietrzykowski zu, einem unter dem Spitznamen »Teddy« bekannten Boxer und frühen Lager-Insassen (Häftlingsnummer 77). Pietrzykowski, der nach Auschwitz auch Neuengamme überlebte und später im Prozess gegen den Auschwitz-Kommandanten Rudolf Höß als Zeuge auftrat, und der nach seinem Tod in Form von gleich zwei biographischen Arbeiten gewürdigt wurde (*Tadeusz Pietrzykowski »Teddy« 1917–1991* von Joanna Cieślak und Antoni Molenda sowie *Bokser z Auschwitz. Losy Tadeusza Pietrzykowskiego* von Marta Bogacka), war der Erste, der die besondere Qualität der Texte Polaks erkannte. Er riet dem »mały poeta« (dem kleinen Poeten, wie der eher zierliche Polak von Mithäftlingen genannt wurde), seine Werke nicht schriftlich festzuhalten, da dies im Falle einer Kontrolle lebensgefährlich werden könnte. Polak hörte nicht auf die Warnung Pietrzykowskis, weil er bereits aus dem Pawiak-Gefängnis wusste, dass und wie der Hunger einen vergesslich werden ließ – einige seiner früheren Werke waren ihm bereits entfallen. Also lief er mit einem Sack aus Bast über der Schulter durch das Lager, in dem er seine heimlich niedergeschriebenen Gedichte versteckte.

»Teddy« Pietrzykowski nutzte die von der SS organisierten Boxkämpfe, an denen er selbst teilnahm, um unter den Mithäftlingen für Polaks Lyrik die Werbetrommel zu rühren. Unterstützung erhielt der kleine Warschauer (»mały warszawiak«) außerdem von Zbigniew Pankowski, einem Studenten der Krakauer Schauspielschule und begnadeten Rezitator, der ebenfalls zur Verbreitung der Gedichte Polaks beitrug. Eine dritte wichtige Person für »Mundek« (so ein weiterer Spitzname, hier die Verniedlichungsform von Edmund) war Jan Olszyński, dessen Zwangsarbeitsplatz die Gaskammern des Vernichtungslagers waren, in denen Hunderttausende europäischer Juden den Tod fanden. Das Geschehen dort und die Unerträglichkeit des Lagerlebens müsse jetzt festgehalten werden, beschwor Olszyński Polak, und das auch in Form von Gedichten. Er motivierte ihn, nicht nachzulassen in seinem lyrischen Schaffen für die Mithäftlinge und – vielleicht – eines Tages für die Nachwelt. Schließlich gab es einen inhaftierten Pianisten, Kazimierz »Kazek« Tymiński, der es sich zur Aufgabe machte, die Gedichte von Lagerpoeten wie Mundek zu vertonen. Wenn man so will, unternahm Edmund Polak seine ersten

Schritte zu dem Autor von Liedtexten, der er nach dem Krieg werden würde, hinter dem doppelten Stacheldraht von Auschwitz-Birkenau.

Im März 1943 wurden »Kazek«, Czesław Ostańkowicz und Polak gemeinsam nach Buchenwald transportiert, wo sie sich weiterhin ihren literarischen Tätigkeiten widmeten – oder besser: widmen konnten. In seinem *Dziennik buchenwaldzki*, mit dem sich das folgende Kapitel befasst, finden sich an verschiedenen Stellen Hinweise auf sein lyrisches Schaffen während dieser Zeit. Aus den darauffolgenden Wochen im Konzentrationslager Dachau bei München, in das die SS ihn und zahlreiche Mithäftlinge im April 1945 im Zuge sogenannter Evakuierungstransporte brachte (für die der Begriff ›Todesmärsche‹ die zutreffendere Bezeichnung ist) und in dem er am 29. April seine Befreiung durch Einheiten der US-Armee erlebte, sind hingegen keine Gedichte überliefert.

Die Vernetzung mit Gleichgesinnten, die Verbreitung der Texte untereinander, der Vortrag vor Publikum: all diese Dinge spielten im Lageralltag eine enorm wichtige Rolle. Als Formen geistigen und moralischen Widerstandes haben sie zweifellos viel zum Ertragen der Lagerzeit beigetragen und Edmund Polak zu einem produktiven Schreiber werden lassen. Etwa dreißig seiner Gedichte sind erhalten geblieben, bedauerlich wenige davon sind ins Deutsche übersetzt und publiziert worden (etwa »Oktober-Erinnerung«, das 2014 in der Übersetzung von Magdalena Izabella Sacha und Wulf Kirsten erschienen ist in Kirsten/Kirsten (Hrsg.): *Stimmen aus Buchenwald: Ein Lesebuch*). Die folgenden sechs Texte stehen für den Versuch der Darstellung ihrer Vielfalt.

Der erste Text, »Tunnel«, sticht aus drei Gründen besonders hervor. Erstens ist er der Ausgangspunkt unserer Beschäftigung mit der Person Edmund Polak. Denn mit »Tunnel« gemeint ist, absichtsvoll doppeldeutig, die in diesem Langgedicht beschriebene mörderische Zwangsarbeit der Häftlinge des Lagers Dora, die achtzig Kilometer von Buchenwald entfernt eine unterirdische Stollenanlage in den Bergen des Harzes zu einer Rüstungsfabrik ausbauen mussten, *und* die dem Aussehen dieser Untertage-Fabrik nachempfundene Struktur des Papierkunstwerks, das Polak aus einem Barackenbauplan gefaltet hatte, um darauf seine Verse zu hinterlassen. Bruno Arich-Gerz hat das fragile Artefakt zusammen mit seinen Darmstädter Uni-Kollegen im Jahr 2003 digital rekonstruiert, es war und ist also noch auffindbar. Tatsächlich ist »Tunnel« somit,

zweitens, der einzige Text aus dem lyrischen Schaffen Polaks, der aus der Zeit der Lagerhaft stammt und als solcher im handschriftlichen Original erhalten geblieben ist. Drittens enthält er als einziger eine Reihe von graphischen Elementen, die mutmaßlich von Polak selbst angefertigt wurden. In Ergänzung zu den Versen über den Ausbau des realen Tunnels, also der Stollenanlage zur Nazi-Waffenfabrik, und über die Gefahren, denen die Häftlinge dabei ausgesetzt waren, illustrieren diese kleinen Zeichnungen das Beschriebene. Gewidmet ist »Tunnel« einem Mithäftling Polaks, »Kamerad Śniegucki« aus der Buchenwalder Arbeitsstatistik, der zu seinem Namenstag auch das gefaltete Kunstwerk als Geschenk erhielt. Auf der ersten (Umschlag-)Seite heißt es »21.5.1944. K.L. Buchenwald« – ein Hinweis auf den Entstehungsort und -kontext Konzentrationslager (welches Polak nicht nur hier, sondern auch in seinen anderen Schriften durchgehend mit »K.L.« oder »KL« abkürzt). Dieser Hinweis bedarf zwar einer quellenkritischen Überprüfung: auch, weil Polak in seiner Lagerchronik *Dziennik buchenwaldzki* als Datum für das Verfassen des Gedichts den 21. März 1944 angibt. Angesichts der gesicherten Herkunft des Trägermediums – dem Papier des KZ-Barackenbauplans – erscheint die Angabe aber authentisch.
Was ihre literarische Qualität angeht, sind die anderen fünf Gedichte mit »Tunnel« mindestens ebenbürtig, wenn nicht sogar eindrücklicher in puncto Intensität des zu Versen gewordenen Erlebten. Das mag daran liegen, dass Polak selbst zu keiner Zeit Häftling im Lager Dora war und von der menschenverachtenden Schinderei der Bauhäftlinge in der Stollenanlage nur indirekt über Augenzeugenberichte und den ›Lagerfunk‹, sprich vom Hörensagen, erfahren haben konnte. Dora war zum Zeitpunkt der Entstehung des Gedichts noch ein Außenlager von Buchenwald (erst im Herbst 1944 wurde es zum Hauptlager des dann eigenständigen Konzentrationslagers Mittelbau-Dora) und Abkommandierungen von Häftlingen von hier nach dort und zurück waren so üblich, wie Kranken- und Leichentransporte von Dora nach Buchenwald die Regel. Im Gegensatz zu dem in »Tunnel« behandelten Gegenstand wird Edmund Polak die Ereignisse, die in den anderen Gedichten zur Schilderung gelangen, wortwörtlich am eigenen Leib erfahren (oder zumindest mit eigenen Augen miterlebt) haben.

Der perfiden Einrichtung des sogenannten Stehbunkers, der in den Nazi-Konzentrationslagern zur Bestrafung von Häftlingen eingesetzt wurde, widmet Polak das gleichnamige Gedicht. Der eingesperrte Körper steht den freien Gedanken gegenüber, es geht um die Sehnsucht nach Freiheit, um körperlichen, aber vor allem seelischen Schmerz.

Mit »25« greift Polak eine weitere Bestrafungsform im Konzentrationslager auf, die Prügelstrafe. Häftlinge, die ihr ausgesetzt waren, mussten die Abfolge der Hiebe, die ihnen auf die blanke Haut verabreicht wurden, laut mitzählen. In den meisten Fällen waren es fünfundzwanzig solcher Hiebe. Wieder, wie in »Stehbunker«, gelangt die Gedankenwelt des Bestraften zur Darstellung, die inneren Ablenkungsversuche von der Intensität der Schmerzen und das Duell auf der Bühne der eigenen Leidensfähigkeit zwischen Durchhaltewillen und Nicht-mehr-aushalten-Können.

Eine Abrechnung mit der euphemistischen Bezeichnung Schutzhaft erfolgt in »Schutzhäftling Pole«, indem die Wahrheit hinter diesen zwei Worten aufgezeigt wird, der völlige Identitätsverlust. Auch hier steht das seelische Empfinden im Vordergrund.

Bei »Abschied von Freunden« handelt es sich um die Erzählung eines prophetischen Traumes über den Zusammenbruch des Konzentrationslagers.

In »Goethe...über allen Gipfeln Ist Ruh'...« schließlich spielen weder Haftbedingungen noch die damit verbundenen Erlebnisse eine Rolle. Der erste Teil des Gedichtes beschreibt vielmehr die (fiktive) Entstehungssituation von Goethes weltbekanntem Werk »Wandrers Nachtlied«, ehe ebendieses, im Original ins Polnische übersetzt, zitiert wird. Edmund Polak stellt hier seine Kenntnis kanonischer deutschsprachiger Literatur nicht nur aus, sondern zugleich – wenn auch nur sehr subtil – in ein Verhältnis zu derjenigen Gegend in Mitteldeutschland, in der er selbst zwei Jahre seines Lebens als politischer Gefangener der faschistischen Machthaber verbringen musste. Nicht weit von Buchenwald, wo nationalistische Verblendung zu von Deutschen begangenen Verbrechen der niederträchtigsten Art geführt hat, liegt das mit deutscher Hoch- und Höchstkultur, mit Literatenklassik und -klassikern aufgeladene Städtchen Weimar. Dessen Prachtbauten ergehen sich in Spiegelungen mit einer Hütte auf dem Kickelhahn in der Nähe von Ilmenau, so das Gedicht Polaks – und damit dem Ort, wo Goethe der Tradierung zufolge zu seinem »Nachtlied« inspiriert worden war.

Nachgelesen bei Edmund Polak

»Tunnel«

Der Tunnel !!!

Fremden ist der Zutritt zur Baustelle verboten!
21.5.1944 KL Buchenwald

Sie bauten und bauten einen riesigen Tunnel …
Mit Keilhacken und Schaufeln,
mit verschiedenen Maschinen.
Schwere Brocken klumpiger Erde
sprengten sie mit Dynamit,
fuhren sie mit Wagen fort
bohrten und bohrten,
bohrten und schürften,
stützten den Tunnel mit Bohlen ab,
damit er nicht einstürze.
Sie arbeiteten Tag und Nacht,
in Mühe und Schweiß,
über Wochen und Monate,
unter Bergen und Flüssen,
sie bauten und bauten einen riesigen Tunnel.

Es wollte ihnen die Sonne nicht scheinen
bei ihrer mühsamen Maulwurfsarbeit,
und ihre gequälten Lungen
bekamen keine Luft,
und ihre blutenden Hände
bedeckten sich mit Blasen,
und ihre betäubten Ohren
und ihre geblendeten Augen
hüteten sich nicht vor Getöse,
und ihre trockenen Kehlen
quälten sich unaufhörlich,
und ihre Gedanken und Träume,

niemals gestillt,
schlimmer als Tonnen von Stein,
schlimmer als Dünste der Gase
lasteten auf ihren Seelen.

Einer von ihnen hatte eine Frau,
eine schöne und junge Frau. Zu ihr wollte er einmal zurück,
er wusste, wenn sie auch heut noch fern,
wartet sie hoffend auf ihn.
Als er die Felsen schlug, lachte er
aus voller junger Kraft.
Besinnungslos schlug er zu und stieß,
als ob er mit seiner Keilhacke
den Rückweg zu ihr freimachen wollte.
Ein anderer sprach kein Wort,
und aus seinem versteinerten Gesicht
schaute unermessliche Trauer,
ein schweres Leid.
Niemand kannte sein Los.
Auch wenn von der Härte seiner Schläge
die Felsen zu Staub zerfielen,
zuckte nicht einmal sein Gesicht,
als ob es in Stein gehauen wäre.
Ein anderer noch spielte auf der Mundharmonika
irgendwelche sonderbaren Lieder.
Als ob er der Qual zum Trotz
von unwirklichen Wundern spielte,
die er vielleicht im Traum gesehen.
Er spielte von der Sonne, vom Glück,
dass die anderen ihre Fäuste ballten
den bösen Felsen entgegen.
Noch ein anderer wurde bleich und schmal,
doch er wollte nicht ausruhen.
Als erster ging er nach unten,
machte dort die härteste Arbeit,
und verbarg sich, damit niemand

die Tränen in seinen Augen sah.
Ein anderer spuckte in die Hände.
Jedes abgeschlagene Felsstück griff er
und warf es hinter sich.
Er sprach: mit jedem Stein ist es näher.
Jedesmal danach bekreuzigte er sich
und fletschte die Zähne.
Noch ein andere[r] verbarg etwas auf der Brust,
versteckte es vor den anderen.
Er schwieg, wenn jemand etwas fragte,
griff nur fester nach dem Spaten
und stieß ihn in die Erde.
Ein anderer sprach große Worte
der Drohung und des Trostes.
Ein anderer lachte,
dass selbst die mächtigsten Felsen
von diesem Lachen barsten.

Und so bauten sie den Tunnel
über unendliche Monate,
und es war noch zu wenig getan,
und es wurden ihrer immer weniger,
doch mit jedem Tag immer mehr
wurden sie stark und hart,
und konnten ausdauernd schlagen
Stein für Stein, Zoll für Zoll;
und sie waren durch Blutsbruderschaft verbunden,
denn in manch[-] schwerer Mühe
vergossen sie gemeinsam ihr Blut
in langen, schweren Tagen.

Einmal, und vielleicht nicht nur einmal,
eine ungeheure Erschütterung durch den Tunnel ging.
Die Wände barsten, die Stützen brachen,
eisernes Gewölbe hing verbogen herab,
die Steinbrocken rollten dröhnend nach unten,
die Granitmassen brachen zusammen,

auf die schwarze Erde spritzte das Blut
und mancher Schrei erstarb in der Brust.

Einer von diesen unterirdischen Arbeitern
schwieg in dem allgemeinen Geschrei.
Und ein anderer lachte nur.
Von diesem höllischen Lachen
erschallte der Tunnel mit schaurigem Hall[,]
dass jeder Stein erbebte.
Ein anderer drohte und tröstete
die in der Ecke fürchtend gedrängte Menge.
Und der Musikant spielte Mundharmonika.
Er spielte von Liebe und Glück,
zum Trotz, als ob er mit dem Teufel würfelte
um die Freiheit der blutigen Leiber.
Und einer spuckte wieder in die Hände
und ergriff die toten Brüder
und warf sie fort hinter sich.
Und nach jedem Wurf schlug er das Kreuz,
sonderbar dabei lächelnd,
und sprach: Das ist eine heilige Sache.
Und jener, der die junge Frau hatte,
lag in der Lache roten Bluts.

Er hatte die Arme ausgebreitet,
die Lippen zusammengepresst
als ob er heilige Worte sagen wollte,
doch sie erstarben ungesagt auf seinen Lippen:
Warte nicht mehr …

Doch später kamen weitere Tage
und das Blut mit schwarzer Erde vermischt
gerann, ward fest, versickerte im Dunkeln,
und das gedämpfte Echo des Stöhnens
verging in dem Lärm der Keilhacken
– und alle bauten an dem Tunnel.

Die einzige ferne Spur, vielleicht,
waren irgendwo irgendwessen Tränen …

Und starke Menschen –
        Maulwurfsbrut
krallten sich fest in die Erde
und bauten Tage und Monate,
hoffend, dass einmal am fernen Ende
doch einer von ihnen mit der Spitzhacke trifft
        die Sonne.
Und Zoll für Zoll, Stein für Stein
        in Blutsbruderschaft
        gemeinsam verbunden
wenn auch mancher blutend
auf die schwarze Erde sank,
so bauten sie
        die Unendlichkeit,
so bauten sie
        den großen Tunnel.

(Übersetzung: Danuta Weber. Übernommen mit freundlicher Genehmigung aus Peter Hochmuth: »Der illegale Widerstand der Häftlinge des KZ Mittelbau-Dora«, S. 135–139)

»Stehbunker«

Wie Saiten die Sehnen gespannt –
Gedanken vor Schmerz erstarrt,
die jedoch frei sind und eilen
fessellos jenseits der Mauer.

Hinter der Mauer fließt langsam die Soła,
kaum jemand weiß hier davon.
Nur die Wipfel der Birken sehen die Freiheit
und allein der Wind von ihr zu flüstern wagt.
Schmerz? Was kann uns schon noch schmerzen?
Schmach? Wer ist imstande, uns zu schänden?
Zu schlagen? Töten? Quälen? Hungern lassen?
Was solls? Uns zermürbt nur die Zeit.

Was solls, wenn sie uns Wasser ins Gesicht spritzen?
Mitleid? – Nein, nur, dass du es länger spürst. –
Ich will endlich nur noch einschlafen,
im Traum auf die Soła herunterblicken.

Möge der Wind meine Schläfen erfrischen,
und in die verbotene Ferne steigen.
Schmerz? – Wie viele lange Stunden noch?
Leid? Nur in den Wipfeln der Birken schluchzt das Leid.

(Übersetzung: Giannina Maaß mit Peter Murawski)

»25 (Fünfundzwanzig)«

Aus aller Kraft wurde an den Sehnen gezerrt,
es wart [mir] befohlen jeden Schlag zu zählen.
– Ich schwöre auf alles was heilig ist –
Nicht schreien! nicht schreien! nicht s c h r e i e n !
Nicht schreien! ... warum ... schlagen sie ... noch nicht?
Warum ... nicht schreien ... schlagen sie noch nicht?
so fest, so fest bohrt sich die Schnur in die Hände,
so fest... nicht schreien... schnürt es den Hals zu.
Sekunden. Minuten. Bewegt sich die Zeit.
warum ...? nicht schreien! ...

EINS!

Schon! Das Messer wurde in die Haut gerammt,
Das Stöhnen unterdrückten die zusammengebissenen Zähne.
Schmerz? Scham? – vielleicht tat es nicht weh.
Sogar ein Seufzer entfuhr nicht.
Nichts – nur ein roter Striemen.
– Also! Weiter! Fester! Mehr!
Vieh! Warum verdrehst du die Hände?
Schlag zu! Schau, sie verspotten dich.
Unterschreibe mit [deinem] Blut! Hörst du! Mit B l u t !
... Weshalb ... dauert das so lange?
Ich werde nicht schreien, ich werde nicht schr ...

ZWEI!

Auf dem Rücken ein Kreuz aus roten Striemen,
die zusammengebissenen Zähne unterdrückten das Stöhnen,
der Nacken [ist] angespannt, bis er knirschte.
Hass. Rache nehmen! Die Hände zu Fäusten [ballen]!
Bis zum Blut. Bis zum Blut drücken sich die Fingernägel in die Handballen.
Bis es blutet die Fingernägel in die Handballen.
Wann wird endlich Ende sein?
Rache nehmen, rächen. Durchhalten! Aushalten!

Ruhig schauen mit spöttischem Blick,
Unterdrücke den Keim der Angst, der im Herzen irgendwo bebt.
Das ist für Sie! Für die Freiheit! Denk dran! –

DREI!

Es ist. Das Blut strömt aus dem Rücken.
Klebrige, warme Flüssigkeit . . . .
Einst ... einst blühte eine Rose –
Es schnitt sie ab das feindliche Schwert
Einst ... einst ... F r e i h e i t ... – Rose.
Rose. Groß. Klebriges Blut.
Freiheit? Einst? – Im Blute versinke ich.
Warm. Süß – Aus dem Blut eine Pfütze
heilige – Sache – sagen sie
Mit dem Blut schreibt man Buchstaben.
Sehr langsam. Sachte. Warm. Leise. Langsam.
Große ... Rosen ... Gott! –

VIER!

Fr... e... ei... Frei... Freiheit!
Sie sollen schlagen. Lass sie schlagen. Ich habe wenigstens Hoffnung,
obwohl jede Zelle von Schmerz erstarrt,
obwohl mir das blutige, klebrige Hemd vom Rücken gerissen wurde,
obwohl jeder Nerv wehtut und der Puls schmerzhaft schlägt!
... Die Welt dreht sich in den Augen.
Drehe dich schneller! Drehe!
– Nichts denkend – spürst du nicht.
Ich bereue nichts.
So musste es sein ...

FÜNF!

Verstummen. In flüssiger Stille ertrinken,
mit sanften Augen das Grüne verschlingen

und Ruhe bewahren, – das ist der ganze Inhalt.
Fünf oder sechs? Gott, sind es fünf, oder

SECHS!

... irgendwo weit weg. Einst. Hinter dem weißen Nebel.
Mein Haus aus grauen Ziegeln – mein graues Haus
Wenn auch grau, sonnig, sicher, vergnügt.
Hinter dem weißen Nebel, die grauen, geliebten Wände.
Mit seiner Grauheit belog er meine wunderbaren Träume.
Irgendwo hinter der weißen Wand. Mein graues Haus...
Und im Haus hinter dem Tisch mit der weißen Tischdecke
goss jemand Suppe in weiße Teller ein ...
Jemand in einer weißen Schürze ... Ich erinnere mich nicht. Ich muss
mich daran erinnern, um den Träumen zu glauben.
Nur an das Haus erinnere ich mich. Reichtum? Oder Armut?
Hinterm Tisch saßen wir im Kreis ...

SIEBEN!

Oh, Mutter! – Ja, die Mutter wars. In der weißen Schürze.
Es tut nicht weh, Mütterchen! Es tut nicht weh, Mütterlein!
Das vergeht. Es wird vergehen. Ich kehre zurück. Ich kehre zurück!
Halte die Tränen zurück, denn tausendmal mehr schmerzen [mich] deine Tränen.
Das Elend wird vergehen. Die Gefangenschaft wird vergehen.
Und wieder werden wir zusammen irgendwo an dem weißen Tisch sitzen.
Na. Weine nicht. Ich schweige. Beruhige dich. Bitte
Es tut nicht weh, Mütterchen. Es tut nicht. Nicht ...

ACHT!

Sonnig ist mein Haus? – das ist eine Lüge. Heuchelei.
Das Leben ist ein Fluch. Die Freiheit ist der Tod.
Die Wahrheit des Hauses ist grau. Verflucht ist das Haus.

Ich schreie nicht, um meine eigenen Träume zu belügen.
Und die Freiheit ist ein Wunder. Aber ich glaube nicht an Wunder.
Ach Mutter ... Oh, verzeihe mir! Was ich sage, weiß ich selber nicht.
Oh, verzeihe mir, Mutter, du Weiße hinter dem Nebel.
Ich kehre zurück, bestimmt. Ich glaube ...

NEUN!

Auf der schlagenden Hand funkelt das Glas der Uhr.
Warum, warum vergeht die Zeit so langsam?
Sekunden, Minuten. Mit einem feurigen Brand
verbrennen sie mein Gehirn mit einem Gedanken über mein graues Haus.
Für welches Vergehen? Für welche Strafe? –
Immer noch reißt der Ochsenziemer meinen fast halbtoten Körper auf,
und nach jedem Erheben bringt er einen anderen Gedanken.
Von meinem grauen Haus ... von meiner Mutter ... von ...

ZEHN!

... Weshalb hat das Schlagen so plötzlich aufgehört?
Was ist besser? Draufgehen? Was ist besser? Leben?
O, leben und zurückkehren! Oh, leben und erleben!
Überleben für die Rache, oder überleben, um zu leben?
Um die Stirn auf die mütterliche Brust zu legen,
um einmal endlich das irgendwo irgendwann zu erschaffen,
wofür leiden hier so viele, leiden ausgerechnet hier
über viele Jahre hinweg ... viele, über Jahre hinweg ...

ELF!

Wie die Spitzen der Kiefern sich wiegen

ZWÖLF!

Stille ...

DREIZEHN!

Stille ...

VIERZEHN!

Eine Fliege kann man irgendwo hören.
Schon fehlt die Kraft. Es ist mir so hell vor den Augen.
Wie viele noch? – Aushalten – aushalten!

... FÜNFZEHN!

Das war schon alles. Das war.
[Es ist] Vorüber. Es ist verschwommen. Durchträumt.
... Gestern kam ein Brief von dir.
Liebe? Wer glaubt heute an die Liebe?
Alles eins – sterben, leben.
Lieben? Leiden? Warten? ... Heute?! ...
Schreie? ... Wozu, meine Liebe? ...
Hörst du? Du kannst stolz sein.

[SECH] ... ZEHN!

– das sind nicht die Spitzen von Kiefern.
Der graue Kamin des Krematoriums.
Sie tragen jemanden. Irgendwohin. Auf einer Bahre.
Heute dich. Morgen mich.
Stolzer – Sarg [dumna – trumna] – schöner Reim.
Kiefernspitzen. Kamin. Rauch.
Tod oder Leben? Tod oder GLORIA?

[SIEB]...ZEHN!

Zunehmend dichterer Nebel

[ACHT]...ZEHN!

Ein Mensch wie ein Automat
Irgendwo und einst wurde ein Hund geschlagen.
Man wohnte in grauen Häusern.

Man schlief in weißen Betten.
Zu zierlichen Frauen
Auf zierlichen Beinen ...

[NEUN]...ZEHN!

Schickte man ein Lächeln.
Irgendwo und einst ist heute gestorben.
Es erlosch mit einem immer leiser werdenden Echo.
Es schnürte mit Verzweiflung den Hals zu.
In die Gehirne gelangte es als Sehnsucht,
vom Schmerz schlimmere Schmerzen.
Vor den Augen ist es weiß, schwarz
Weiß. Schwarz. Weiß ...

... ZWANZIG!

... Fünf? ...

EINUNDZWANZIG!

Noch vier.
Fr ... r ... frei – irgendwelche Buchstaben
Mit Blut geschrieben. Gewogen
in den Kiefernspitzen. Graue Wände.
Ein Brief von Dir, ein geliebter Brief.
Das graue Haus hinter dem weißen Nebel.
Der Rauch aus dem Kamin. Leichengeruch.
Von der Uhr an der Hand des Henkers
glitzern, funkeln die Gläser.
Tage. Sekunden. Ganze Jahre.
Im Auge der Mutter glitzert eine Träne.

... einundzwanzig! ... ZWEIUNDZWANZIG!

... Weiß ... Schwarz ... Erleben ... Überleben!
Ich kehre zurück ... Mutter du musst ... glauben ...
Wie ein Hund ... verprügelt ... Wie ein Hund ... Hunde!

Dreiund ... Gott! DREIUNDZWANZIG!

Fr ... Frei ... Freiheit ... aus Blut ... Buchstaben ...

Noch ... zwei VIERUNDZWANZIG!

Ich habe nicht geschrie ... en. Schwarz ... Weiß ...
Halte den Kamin! E r s t ü r z t z u B o d e n !!!
Irgendwo. Auf der Bahre ... tragen sie ... einen Kör ... per
wa ... rm ... sü ... ß ... und angenehm.
Glocken ... läuten ... Läuten ... Glo ... cken ...
Es tanzt ... die ganze ... verrück ... te ... Welt.
Tanz ... weiter ... drehe dich ... drehe ...
Le ... ben? ... Tod? ...
FÜNFUNDZWANZIG!

(Übersetzung: Katja Mucha, Nadine Slowig)

»Schutzhäftling Pole«

Schutzhäftling Pole –
Worte von Blut gekennzeichnet
sind der Mutter Tränen, ihr Schmerz und ihre Verzweiflung ...
diese Worte sind uns in Gefangenschaft eine Mutter.
Hast du schon mal alles im Leben verloren?
Hörst du, was die Raben dir Unheilvolles krähen?
Wo hast du dein Zuhause? Wo hast du deinen Nachnamen?
Heute sind es für dich Winkel und Nummer
oder hast du doch irgendwo versteckte Resthoffnung!
Das Zeichen der Schande auf der Brust – dein Stolz.
Und mehr? Was gibt es mehr?
Da sind nur zwei Worte wie Symbole:
Schutzhäftling Pole!

(Übersetzung: Giannina Maaß mit Peter Murawski)

»Abschied von Freunden«

Schau! – Mutig der Wahrheit in die Augen schau,
obwohl kein einziger Bruder im Blut schwimmt –
brach heute der entscheidende Kampf aus
und der prophetische Traum wird zum zweiten Male geträumt:
... Hier unter den Felsen tausend blutige Hände,
schreiben Worte von eigenem Blut gezeichnet –
Lies – Mane – irgendein blutiger Kreis ...
Tekel – das bedeutet schon – Fares ... die Leichen spotten,
tanzen in einer Reihe im Rauch.
Ist das wahr? – Oder aber ein schlimmer Traum.
Schau hier – gestern stand hier des Todes Haus.
Schau hier – heute nur Schutt und Asche.

Aus der Mitte der noch rauchenden Trümmer
Arme aus Draht breitet die Säule aus,
wie ein Symbol – das Kreuz der Sklaven
umschlingt mit Drähten des Sklaven Grab.

Da wieder ein Symbol – in zwei Teile zerbrochen
der gestürzte Adler – mit dem Schnabel in die Trümmer gebohrt.

Ist das wahr? – davon klagt jeder Jammer.
Ist das wahr? – darüber schweigt jede Leiche.

Lebt wohl Brüder, ich drücke eure Hand,
wer alles überlebte, erlebt nun große Tage,
weil hier in der Asche, im Staube das Böse gefallen ist,
weil hier die aufgehende Sonne schon scheint!

(Übersetzung: Giannina Maaß mit Peter Murawski)

»Goethe... Über allen Gipfeln Ist Ruh'...«

Als das Abendrot des Weimarer Palastes Fenster
mit Mustern aus Buchenlandschaften
der waldigen Hügel in hundert Farben wie Glasmalerei
schmückte,
hast du nach vorne geschaut, in die Berge hinter dem Wald
aus einer kleinen Fichtenholzhütte
in Ilmenau, und als aus den Bergen die Ruhe in die Wände
herunterkam
und mit täglichem Gebet die Natur schlafenging,
schriebst du auf dem Fensterrahmen:
›Über allen Gipfeln
Ist Ruh',
In allen Wipfeln
Spürest Du
Kaum einen Hauch;
Die Vögelein schweigen im Walde.
Warte nur! Balde
Ruhest du auch‹.

(Übersetzung: Giannina Maaß mit Peter Murawski)

KZ-Haft und der Privathistoriker: Die Buchenwald-Chronik (*Dziennik buchenwaldzki*)

Paulina Gładysz

Versuchen wir, die Stationen von Edmund Polaks Schicksalsweg nach seiner Verhaftung in Warschau noch einmal zu rekapitulieren und fertigen eine grobe Chronik seiner Odyssee als polnischer Häftling in der Gewalt der deutschen Nationalsozialisten an. Denn um genau dieses chronologische Sortieren, um das Datieren von Ereignissen und das Dokumentieren von dabei gewesenen Menschen – Zeugen und Opfern und Tätern – geht es in diesem Kapitel.
Wegen seiner Zugehörigkeit zu einer Untergrundbewegung, die sich aus Pfadfindern und politisch links stehenden Mitgliedern zusammensetzte und Widerstand gegen die Nazi-Besatzer im Land leistete, wurde er verhaftet und ins Gestapo-Gefängnis Pawiak in Warschau gesteckt. Das alles geschah Mitte Mai 1941.
Ende Mai 1941: Deportation von dort aus nach Auschwitz-Birkenau, wo er nicht, wie zahlreiche eintreffende Juden und Sinti und Roma, ins Gas geschickt und ermordet wurde, sondern in sogenannten Kommandos eingesetzt wird, sprich: Zwangsarbeit zu leisten hat. Er muss in den Buna-Werken im nahen Monowitz, in Kiesgruben und den DAW-Werkstätten arbeiten, wo Kleidung und andere Ausrüstungsgegenstände für Frontsoldaten des Dritten Reiches – oftmals aus den Habseligkeiten der ermordeten Opfer – hergestellt oder wiederaufbereitet wurden. Weniger anspruchsvolle Tätigkeiten, die er zu verrichten hat, sind die als Kartoffelschäler oder in der Fahrbereitschaft für die deutschen Betreiber des Lagers. 1942 findet er als Putzhilfe bei einem der SS-Unteroffiziere Beschäftigung. In dieser Zeit verfasst er auf Zetteln, die ihm seine Mitgefangenen organisieren, Gedichte: ein riskantes Unterfangen, denn er wird genauen

Kontrollen unterzogen und ist auch vor der sogenannten dritten Macht in Auschwitz, den als Kriminelle verurteilten Häftlingen, die nicht selten mit der SS-Führung des Lagers unter einer Decke stecken, nicht sicher.
März 1943: Polak wird zusammen mit Tausenden anderer Häftlinge ins Konzentrationslager Buchenwald weiterdeportiert, wo er im Krankenbau bzw. der Quarantäne-Station, in den Kommandos Bahnbau, Dachdecker sowie Be- und Entwässerung eingesetzt wird. Weil in Buchenwald die größte Häftlingsgruppe aus deutschen Antifaschisten besteht, genießt er, der wegen seiner Zugehörigkeit zu einer Widerstandsvereinigung Verhaftete, scheinbar kleine, aber überlebenswichtige Privilegien. Er verfasst weiter Texte, die das Gefangenendasein des einzelnen Häftlings unter maximal repressiven Umständen thematisieren, und nimmt an heimlichen Treffen, konspirativen Bildungsveranstaltungen und künstlerischen Happenings teil. Seine Texte sind, was ihre Gattung angeht, bereits hier vielfältig. Er wird zum Liedermacher und Geburtstagsgrußkartenschreiber, zum Satiriker, ansatzweise zum Essayisten und Drehbuchautor sowie zum Operettenlibrettisten. Sogar ein Drama mit dem Titel *Przebudzenie* verfasst er, das leider verschollen geblieben ist: leider, weil es sich mit dem Warschauer Aufstand und seinem Scheitern befasst, über den die Häftlinge im eigentlich vom Nachrichtenfluss abgeschnittenen KZ Buchenwald offensichtlich im Bilde waren. Unterstützt und im Rahmen dessen, was in nazideutschen Konzentrationslagern möglich war, gefördert wird Polak von Jan Zygmunt Jakubowski, einem polnischen Literaturwissenschaftler, der in Buchenwald einen Klub der Literaturliebhaber gründet und reguläre Treffen und Debatten organisiert.
21. Mai 1944: Polak verfasst das Gedicht »Tunnel« auf einem Bauplan für die Bordellbaracke des KZ Buchenwald und schenkt es einem seiner polnischen Mithäftlinge.
Anfang April 1945: Evakuierung Buchenwalds – ein verharmlosender Begriff für eine strapaziöse und für viele Häftlinge tödliche Verlegung ins Konzentrationslager Dachau angesichts der näher rückenden alliierten Streitkräfte.
Ende April 1945: Befreiung des Lagers Dachau durch die US-amerikanische Armee. Polak verbringt beinahe ein Jahr, bis zum 6. April 1946, in UNRRA-Lagern (United Nations Relief and Rehabilitation Administration, die Hilfs- und Wiederaufbauorganisation der Vereinten Na-

tionen) in Freimann und Wildflecken, Bayern. Dann, endlich, Repatriierung nach Polen.

So ungefähr würde die überblicksartige Chronik des Lebens Edmund Polaks von seiner Verhaftung bis zu seiner Rückkehr nach Warschau aussehen. Es ist eine Chronik, die einige ausgewählte, weil besonders belangreiche Daten enthält (und immer dann wird sie ›auf den Tag genau‹): belangreich für eine einzige Person, nämlich den Auschwitz-Häftling mit der Nummer 16713 beziehungsweise später, in Buchenwald, den Häftling Nummer 10918. Man kann sich vorstellen, welchen Rechercheaufwand es erfordern würde, eine Chronik *für jeden einzelnen Tag* der Existenz eines Konzentrationslagers anzufertigen, in der zudem noch versucht wird, auf das von Tag zu Tag unterschiedliche Befinden und das individuelle Schicksal einzelner Häftlinge einzugehen.

Genau diese Arbeit hat sich Edmund Polak für das KZ Buchenwald gemacht. Erschienen ist das Ergebnis dieser Anstrengung 1983 im Verlag des polnischen Verteidigungsministeriums (Wydawnictwo Ministerstwa Obrony Narodowej) unter dem Titel *Dziennik buchenwaldzki*, einem etwas irreführenden Titel, denn ein Tagebuch (dziennik) schreibt man sukzessiv, Tag für Tag und damit aus dem Fluss eines Ereigniszusammenhangs heraus, und nicht aus der Warte des Danach.

In *Dziennik buchenwaldzki* nimmt sich Polak nicht weniger vor, als vierzig Jahre Ereignisgeschichte rund um das Konzentrationslager Buchenwald zu dokumentieren. Das heißt, er nimmt nicht nur die Jahre 1937 bis 1945 in den Blick, in denen das Lager tatsächlich existierte, sondern belegt auch, erstens, die wichtigen Ereignisse zwischen der Machtergreifung der Nazis im Jahr 1933 und dem Zeitpunkt der Gründung des Lagers. Zweitens dokumentiert er die Jahre nach dem Ende des KZ Buchenwald bis 1972: also die Nutzung des Lagers als sowjetisches Internierungslager (›Speziallager Nr. 2‹) bis 1950; die Versuche einer ersten Geschichtsschreibung Buchenwalds; die offiziellen erinnerungskulturellen und memorialpolitischen Maßnahmen vor Ort durch zunächst die sowjetischen Besatzer und später in der DDR; die Ahndung der begangenen Verbrechen und die juristischen Prozesse gegen die Täter; die Formen der Aufarbeitung durch Überlebende und ihre Verbände, die auch in Polen gegründet wurden und in denen Polak Mitglied war, etc.

Die Chronik Polaks wird somit zu einer Vorher-, Während- und Danach-Darstellung von Buchenwald, die sich durch zwei weitere Besonderheiten auszeichnet. Sie ist, erstens, das Ergebnis einer beeindruckend ausgiebigen Recherche des Hobbyhistorikers Edmund Polak (denn ein Studium der Geschichte hatte er auch nach dem Krieg nicht aufgenommen und sich stattdessen für den Journalistenberuf entschieden, wie wir später sehen werden). Die von ihm konsultierten Quellen setzen sich zusammen aus Presse- und Archivmaterial, verschiedenen Dokumenten, Karteikarten und einer erstaunlich genauen Rezeption von bedeutsamen historiographischen Arbeiten zum Themenkomplex Buchenwald.
Zweitens wird seine Darstellung besonders durch das Changieren zwischen den *res gestae* – dem Tatenbericht, sprich: dem Bild, das sich aus den konsultierten Dokumenten ergibt, die als offizielle Quellen herangezogen werden – und der eigenen, subjektiven Rekonstruktion des Ereignisverlaufs als Beteiligter.
Dziennik buchenwaldzki enthält detaillierte und profunde Beschreibungen der Lagerexistenz in ihrem Verlauf und aller dort stattfindenden Ereignisse, die bis auf den Tag genau beschrieben werden. Polak überprüft dafür sämtliche ihm verfügbare Angaben – jeden Transport der Häftlinge, jedes durchgeführte medizinische Experiment, jeden Todesfall – und belegt seine Quellen akribisch. Das Buch, dem man Polaks jahrelange Arbeit im Archiv, seine Suche nach und Verifizierung von Quellen ansieht, ist dadurch von unschätzbarem informativen Wert. Zur Darstellung geraten administrative und bürokratische Angelegenheiten seitens der Täter wie das Übersenden von Dokumenten, von Befehlen und Nachrichten zwischen dem Hauptlager Buchenwald und Neben- oder anderen Konzentrationslagern sowie die Korrespondenz mit den übergeordneten Nazi-Behörden und Entscheidungsträgern. Für die Zeit nach 1945 finden sich Angaben zur Einrichtung der geplanten und später eingeweihten Mahn- und Gedenkstätte und den Feierlichkeiten, die veranstaltet wurden, um die Häftlinge und Opfer des Naziregimes nach dem Zweiten Weltkrieg zu ehren. Jedes der chronologisch geordneten Kapitel beginnt mit der Zusammenfassung der Ereignisse des jeweils vergangenen Jahres, die für die Zeit bis 1945 nicht nur das Lager Buchenwald selbst betreffen, sondern auch die allgemeine (Kriegs-)Situation in Europa. Am Ende der Publikation findet sich eine umfangreiche Biblio-

graphie, die von einem beeindruckend aktuellen *state of the arts* der von Polak zu Lebzeiten zu Rate gezogenen Literatur zeugt.
Nicht zu kurz kommt bei all dem die Rolle, die Edmund Polak sich als historische oder zumindest (selbst-)historisierende Figur zuschreibt und die er etwa im Internationalen Lagerkomitee gespielt hat. Auch andere Organisationen finden Erwähnung, etwa die der Polnischen Volksarmee oder – Polak wird dies ein wichtiges Anliegen gewesen sein – die Widerstand leistenden, inhaftierten Pfadfinder. Der Gattung Chronik entsprechend (und markant anders als ein autobiographischer Text), ist sein Stil dabei nüchtern. In *Dziennik* bemüht sich Polak um die Schilderung der blanken Tatsachen. Auf Kommentare verzichtet er und überlässt es dem Leser und der Leserin, das Material zu bewerten und sich eine Meinung zu bilden. Dies gilt selbst dann, wenn es um die Grausamkeiten der SS-Leute geht, um die Ausbeutung der zwangsarbeitenden Häftlinge in den Industriebetrieben oder die an ihnen durchgeführten pseudomedizinischen Experimente.
Verlassen wird diese nüchtern-faktenorientierte Linie der Darstellung nur selten. Das gilt auch für die eher subjektiv geprägten, auf eigenem Erleben und Erinnern beruhenden Passagen.
Vergleichsweise häufig ist im *Dziennik* die Rede von konkreten Freundschaften, die in Buchenwald innerhalb der Häftlingsgesellschaft entstanden sind, oder von der unter den Häftlingen herrschenden Solidarität. Sorgfältig kontextualisiert Polak dies und präsentiert es vor dem Hintergrund von bestehenden geheimen Organisationen, Fraktionen und anderen Häftlingsgemeinschaften, die sich im Lager bildeten und dort aktiv waren.
Die Chronik beschönigt nichts. Ihr subjektiv-erfahrungsgetragener Einblick belässt es nicht bei einer Schilderung der positiven Seiten des Häftlingsmiteinanders: Dies ließe sich bei genauer Prüfung auch kaum aufrechterhalten. Verzeichnet werden mithin auch Konflikte und Streitigkeiten der im Lager organisierten Häftlingsgruppen. Mit großer Sorgfalt werden außerdem die Lebensverhältnisse im Lager dargestellt: die den Häftlingen zustehende Ausrüstung und die Lebensmittelrationen beispielsweise, wobei die Zuteilungsmengen bis aufs Gramm genau verzeichnet sind. Umfassend stellt Polak auch Informationen über das kulturelle Leben im Lager zusammen, komplett mit exakten Aufführungsda-

ten sowie den Repertoires der Konzerte und Theateraufführungen oder Vorlesungen und Diskussionen, die von den Häftlingen in der Zeit ihrer Gefangenschaft organisiert wurden. Viel Raum eingeräumt wird schließlich den geheimen Fortbildungsaktivitäten im Lager, wobei detailliert referiert wird, wie sich die Häftlinge untereinander unterrichtet haben: etwa in Form von Fortbildungsveranstaltungen, die die Kompetenzen der Handwerker verbessern sollten, durch Lehrveranstaltungen für inhaftierte Jugendliche oder ein subversiv aufgezogenes ›Lager-Studium‹ in Jura oder Volkswirtschaft.

Dziennik buchenwaldzki ist nicht nur eine sorgfältige Zusammenstellung und Dokumentation faktischer Daten über Buchenwald, die einen Einblick in das gibt, was in dem Lager (und mit dem Lager) über die Jahre hinweg geschehen ist. Es zeichnet zugleich ein schockierendes, ergreifendes und authentisches Bild der Bedingungen im Lager, das nicht zuletzt – wie auch die Lyrik seines Verfassers – Zeugnis davon ablegt, wie Menschen, die den Willen zum Durchhalten und zum Widerstand besitzen, sich selbst unter den schlimmsten Bedingungen zurechtfinden.

Das heute in Vergessenheit geratene Dokument verdient es, wiederentdeckt zu werden. Als (hobby-)historiografische Arbeit eines selbst Betroffenen und Überlebenden desselben Unterdrückungszusammenhangs, der in ihm beschrieben wird, gehört es in eine Linie mit der ausführlichen Lagermonographie des Mittelbau-Dora-Lagerkomplexes *Histoire du Camp de Dora* (deutsche Übersetzung: *Zwangsarbeit im Raketentunnel*) des ehemaligen Häftlings und Historikers André Sellier – nur dass dieses Buch im französischen Original erst 1998 und damit fünfzehn Jahre nach Polaks *Dziennik* erschienen ist. Als taggenaue Chronik, also von der Textsorte her, antizipiert es zudem das vielbeachtete *Kalendarium der Ereignisse im Konzentrationslager Auschwitz-Birkenau 1939-1945* der polnischen Historikerin, Überlebendentochter und langjährigen stellvertretenden Direktorin des Staatlichen Museums Auschwitz-Birkenau, Danuta Czech, aus dem Jahr 1989, dessen polnische Ausgabe *Kalendarz wydarzeń w KL Auschwitz* im Jahr 1992 erschien.

Nachgelesen bei Edmund Polak

Ausschnitte aus »Dziennik buchenwaldzki«:

(a) Zusammenfassungen der Jahre 1941 und 1943
(b) Auswahl taggenau datierter Abschnitte

(a)
Jahr 1941
Die Siege der Deutschen an den Fronten des Zweiten Weltkrieges bringen es mit sich, dass der Hochmut der SS-Männer steigt. Gleichzeitig verschlechtert sich ihre Einstellung zu den KZ-Häftlingen. Die Lager werden in drei Stufen eingeteilt, um Häftlinge leichter ausbeuten zu können, je nach den Kräften, über die sie noch verfügen. Häftlinge aus den nacheinander unterworfenen Ländern kommen an, es entstehen neue Außenlager des KLs Buchenwald. Die Zahl der in Buchenwald eingesperrten Polen, in denen die Nazis ihre größten Feinde gleich nach den Juden sehen, steigt merklich. Es werden Euthanasieaktionen an den psychisch kranken und schwächlichen und dabei für die Lagerleitung unbequemen Häftlingen durchgeführt. Göring ordnet die Vorbereitungen für die Endlösung der Judenfrage auf dem deutschen Gebiet an. Nach der Kriegserklärung an die Sowjetunion kommen die ersten Transporte der gefangen genommenen Sowjetsoldaten an. Es kommt zu Senkungen der Lebensmittelrationen. Die geheime polnische Häftlingsorganisation wird immer stärker. In manchen Ländern tritt der NN-Erlass (Nacht und Nebel) in Kraft, der in der Beseitigung aller Spuren von Häftlingen fremder Nationalitäten besteht, die als Reichsfeinde verhaftet wurden.
Im KL Buchenwald trifft man Vorbereitungen für Untersuchungen über Fleckfieber, für diese werden Häftlinge als Versuchskaninchen herangezogen.

Jahr 1943
Die deutsche Rüstungsindustrie, die an der Errichtung von Untergrundfabriken arbeitet, braucht immer mehr Arbeitskräfte. Vor allem Buchenwald liefert Häftlinge für den Bau.

Im KL Buchenwald kommen immer mehr Häftlinge aus den Gebieten des Generalgouvernements an, aus Auschwitz und Majdanek, wo die Lagerleitung eine Revolte der langjährigen Häftlinge befürchtet. Mit ihrer Ankunft in Buchenwald wird eine starke polnische Linksorganisation gegründet. Auch Organisationen anderer Völker entstehen. Das Internationale Lagerkomitee und seine militärischen Organisationen erweitern ihre Tätigkeiten. Es entstehen Pläne für die Selbstverteidigung der Häftlinge. Polnische Untergrundorganisationen verständigen sich. Sie organisieren Lehr- und Kulturveranstaltungen und Jugendbetreuung. Die Häftlingszahl im KL Buchenwald nähert sich der Vierzigtausendmarke.

(b)
15. Mai [1942]
In Buchenwald kommt es zu einer großen Senkung der wöchentlichen Lebensmittelrationen. Ab diesem Tag gilt die folgende Ration: 280 g Fleisch oder Fleischprodukte, 170 g Fett, darunter 130 g Margarine und 40 g Talg, 100 g Quark oder 50 g Magerkäse (unverändert), 2450 g Brot, 80 g Zucker (unverändert), 100 g Marmelade (unverändert), 150 g Nahrungsergänzung (unverändert), 125 g Mehl oder Mehlmischung, 63 g Kaffee-Ersatz, 2600 g frisches Gemüse, dazu zählen Kohlrüben, Grünkohl, Brennnesseln und 500 g Kartoffeln (Erhöhung). [SS-Sturmbannführer und Leiter der Konzentrationslager-Standortverwaltung] Otto Barnewald erklärte im Buchenwald-Prozess [Dachau 1947], an diesem Tag sei eine wöchentliche Fleischration in einer Höhe von 560 Gramm pro Häftling festgelegt worden, was 896 Kalorien entspricht. Zur Ergänzung sei noch gesagt, dass die Häftlinge solche Rationen nie erhielten, da SS-Männer und unehrliche Funktionsträger, die von den SS-Männern auf ihre Posten gesetzt wurden, sie bestahlen.
16f, 90a/S. 108–109 [= Fundstellen bzw. bibliografische Kurzangaben aus der ausführlich aufgelisteten Forschungsliteratur am Ende des *Dziennik buchenwaldzki*]

22. Juli [1943]
[SS-Hauptsturmführer und Lagerarzt] Dr. Hoven begeht Morde an sieben polnischen Häftlingen [...], angeblich wegen des Anzettelns einer Verschwörung, die zum Ziel hatte, die Lagerfunktionen zu übernehmen. Die getöteten Häftlinge stammen aus dem Transport vom KL Auschwitz. Brutal ermordet wurden u. a.: Dr. Jerzy Reichman, Gabryszewski, Mieczysław Lewin, der sich das Pseudonym Czamara zugelegt hatte, Mag. Stanisław Nowacki und Stanisław Rojkiewicz. Es ist dann gelungen, u.a. Dr. Marian Ciepielowski, Andrzej Lisowski, Józef Duda, Andrzej und Jan Milak zu retten. Eine Gruppe von Polen mit anti-linker Gesinnung versuchte, die Linke im Lager zu belasten, indem sie sich nicht dazu bekennen wollte, dass die Linke zuvor 20 polnische Häftlinge gerettet hat.
59h/S. 227, 76 a/S. 233–236

Im KL Buchenwald sind ein Transport von 52 Häftlingen aus dem KL Auschwitz, die aus Ostrau stammten, und ein Transport von 510 Häftlingen aus Pilsen eingetroffen. Sie haben Ersatznummern erhalten, die von gestorbenen und in andere Lager verlegten Häftlingen übrig geblieben sind.
171, 69-bis/S. 405

21. März [1944]
In Frankreich wurde der Kommandeur eines RAF-Geschwaders, Forest Yeo-Thomas, der Stabsverbindungsmann zwischen den beiden alliierten Parteien Großbritannien [hier dem in London ansässigen Special Operations Executive, SOE] und Frankreich [hier dem Bureau Central de Renseignements et d'Action, BCRA, und] der französischen Widerstandsbewegung, verhaftet. Zur Verhaftung kam es infolge eines Verrats durch einen Kollaborateur. Yeo-Thomas soll ins KL Buchenwald gebracht werden.
166b/S. 104–105

Der technische Direktor der Mibau [Mitteldeutsche Baugemeinschaft, kurz auch: MDB] in Buchenwald, Schumacher, hat dem Arbeitseinsatzführer, SS-Obersturmbannführer Schwartz, Sabotage in Halle 4 von MDB gemeldet. Wie der Werkmeister Conty mitteilte, wurden Messbrücken durch die Entfernung der Einlegerohre zerstört. Zu weiteren Sabotageakten kommt es im westlichen Teil der Halle, wo Spiritus, der mit einem eisernen Deckel gesichert ist, gelagert wird. Schumacher meldete auch, dass ein Ofen zur Fertigstellung der Spezialerzeugnisse am 20. März 1944 in der Halle Nummer 5 beschädigt wurde.
22/I 6/2. Bl. 00389, 69/S. 354, 79b/S. 254

Der Buchenwalder Lagerdichter Edmund Polak hat ein unter den Häftlingen populäres Gedicht »Tunnel« über das Lager Dora verfasst und dem Kommandanten der geheimen Pfadfinder-Gruppierung Wiktor Śniegucki geschenkt. Im Block der Pathologie wurden Kopien dieses Gedichtes angefertigt, die in Buchenwald und Dora kolportiert werden. Das Original des Gedichtes wurde auf einem harmonika-artig gefalteten Blatt Papier angefertigt, das mit Illustrationen von der harten Arbeit der Häftlinge am Tunnelbau geschmückt wurde, dargestellt wird darin der Untergrundkampf der Häftlinge. Der 21. März ist der Tag, an dem das Gedicht vollendet und Wiktor Śniegucki zu seinem Namenstag geschenkt wurde [wobei wir anmerken, dass der Namenstag von Wiktor der 21. Mai ist – was der Datierung auf dem Papierkunstwerk entspricht].
35a

3. März [1942]
Himmler hat angeordnet, dass die ehemalige Inspektion der Konzentrationslager ins SS-WVHA [SS-Wirtschaftsverwaltungshauptamt] einzugliedern ist. In Korrespondenzen und Dokumenten soll sie mit Amtsgruppe D unterzeichnen.
16g, 40n/d. NO-1063, 172/S. 29

In der Versuchsstation im KL Buchenwald wurden 10 Häftlinge mit Fleckfieber infiziert. Sie wurden am 6. Januar 1942 mit ei-

nem Impfstoff gegen Fleckfieber geimpft, der den aktiven Virus Rickettsia prowazekii enthielt und durch das Robert-Koch-Institut geliefert wurde. Es gab 5 Todesfälle – drei in der Kontrollgruppe, zwei unter den experimentell Geimpften.
41/d. NO-265, 49c/S. 121

42 vorher schutzgeimpfte Häftlinge und 10 Häftlinge aus der Kontrollgruppe wurden infiziert. [Lagerarzt] Dr. Ding hat sich dabei unabsichtlich selbst infiziert.
41/d, NO-265, 101/S. 84

1. Mai [1942]
Eine neue Bezeichnung für die Inspektion der Konzentrationslager beim WVHA tritt in Kraft: Amtsgruppe D. Der Chef des WVHA, Pohl, hat Gerhard Maurer, der für die Häftlingsarbeit zuständig ist, zum Chef von D-2 ernannt (bis 15. Januar 1945).
16g

Der Leiter der Amtsgruppe D erinnert die Kommandanten der Konzentrationslager an die Anweisung vom 21. April 1942. Deutsche, niederländische und norwegische Geistliche sind bei der Heilkräuterproduktion im KL Dachau zu beschäftigen. Die Leitung der Konzentrationslager verpflichtet sich, bis zum 8. Mai 1942 schriftlich zu melden, wie viele Geistliche sie haben und welcher Nationalität sie sind. Wenn es Geistliche der oben genannten Nationalitäten gibt, werden sie nach Dachau verlegt. Polnische und litauische Geistliche bleiben in den Lagern, in denen sie sich zurzeit befinden.
40n/d. No-604

SS-Männer in Buchenwald haben die jüdischen Häftlinge in die SS-Siedlung hineingetrieben, wo die Frauen und Kinder der SS-Männer die Juden schlugen. Manche von den schlagenden Frauen hatten Säuglinge auf dem Arm.
102/S. 38

Die deutschen Kommunisten haben einen Maiumzug organisiert.
69/S. 585, 142/S. 87

28. Dezember [1942]
Der Chef der WVHA Amtsgruppe D hat an die Kommandanten der Konzentrationslager einen Befehl gerichtet, in dem er eine Verringerung der Zahl der tödlichen Unfälle und generell der Todeszahlen fordert. Im Anhang gab es eine Aufstellung, die zeigte, dass von 136 000 Zugängen (neu angekommenen Häftlingen), die es in Konzentrationslagern gab, 70 000 gestorben sind. Bei einer solchen Sterberate werde man nie imstande sein, die vom SS-Reichsführer gewünschte Anzahl von Häftlingsarbeitskräften zu erreichen. Lagerärzte müssen mit den verfügbaren Mitteln eine Senkung der Sterberate in den einzelnen Lagern herbeiführen. Es ist die Aufgabe der Lagerärzte, die Verpflegung und Arbeitsbedingungen zu überwachen, usw.
6/551-12, 59c/S. 49, 69/S. 150–151, 90a/S. 36, 92/S. 36, 118b/S. 76–77

1. August [1943]
Ein Häftlingstransport ist vom KL Lublin nach Buchenwald geschickt worden. Alle haben neue Streifenanzüge und weiße Socken erhalten.
66a/S. 97

Im Kinosaal des KL Buchenwald hat mit Genehmigung der Lagerleitung das erste Häftlingskonzert stattgefunden. Das Konzertprogramm: I – Auftritt des Symphonieorchesters unter Leitung von Vlasta Lauda, a) Mozart »Titus Overtüre«, b) Smetana »Dalibor«; II – Doppel-Streichquartett: Mozart »Eine kleine Nachtmusik«; III – Geige – Soloauftritt von Lauda: Bériot »Scene de Balette«, V – Klavier-Soloauftritt von Kazimierz Tymiński: Chopin »Polonez A-dur«, V – Blasorchester: a) Florentin »Mary«, b) Bellini »Norma«, c) Volvas »Erinnerung an Buchenwald«. Das Konzert fing nach dem Abendappell an.
6/92-1, 69/S. 441, 79b/S. 291, 170/S. 74

5. September [1943]
Aus den Kreisen polnischer Lehrer werden geheime Selbstbildungs-Veranstaltungen initiiert. Es sind drei Gruppen entstanden:

die erste – 12 Personen – unter Leitung von Aleksander Cichocki (die Veranstaltungen wurden von Henryk Sokolak gehalten), die zweite – 14 Personen – unter Leitung von Władysław Szczerba (die Veranstaltungen wurden von Jan Jakubowski gehalten), die dritte – 16 Personen – unter Leitung von Stanisław Zawadzki (die Veranstaltungen wurden von Jan Zakrzewski gehalten).
171

7. Mai [1944]
Im KL Buchenwald hat eine Gruppe von polnischen Intellektuellen ein kleines Rechtswissenschafts- und Wirtschaftswissenschaftsstudium für 23 Personen in zwei Gruppen organisiert. Der polnische Emigrant Zygmunt Zalewski, Professor an der Sorbonne, war der Leiter der Lehrveranstaltungen. Die Vorlesungen wurden von Red. Tadeusz Święcicki, Stanisław Zawadzki und Zygmund Zalewski gehalten. Die Veranstaltungen wurden nicht regelmäßig gehalten. Sie fanden bis Ende März 1945 statt.

(Übersetzung: Paulina Gładysz)

Auf der Suche nach einer verlorenen Identität: Wer bist du, Basia? *(Kim jesteś, Basiu?)*

Lidia Hutniczak

Neben seinem Schaffen als Lagerdichter und Chronist der täglichen Ereignisse in Buchenwald gibt es noch eine weitere Facette, eine dritte Form der Auseinandersetzung Edmund Polaks mit den nationalsozialistischen Konzentrations- und Vernichtungslagern und ihren Opfern. Wenn wir von dritter Form sprechen, dann ist das ganz wörtlich gemeint. Die Form der Darlegung – die Textsorte – ist nach der lyrischen seiner Gedichte und der chronikartigen im *Dziennik buchenwaldzki* dieses Mal eine publizistische, dabei in ihrem Verlauf durchaus spannende und vor allem interaktive, bei der die Leserschaft aufgerufen ist, zur Aufklärung eines besonderen Falles von Identitätsverlust beizutragen. Eine junge Frau namens Basia weiß von sich nur, dass sie in Auschwitz ihre ersten Lebensjahre verbracht hat: alles andere, Kindheitserinnerungen und Dokumente, aus denen ihr Name hervorgeht, ist entweder unzuverlässig oder unwiederbringlich verloren. Edmund Polak will ihr helfen und macht den Fall nach dem Krieg in und außerhalb Polens publik.

Dadurch ergibt sich eine interessante Rollenkonstellation zwischen Basia und ihrem älteren Auschwitz-Mitüberlebenden Polak. Etwas genauer formuliert: Wir haben es bei Basia mit einem Schicksal zu tun, das an vergleichbare Fälle von KZ-Kinder(über)leben gemahnen würde, wenn es dabei nicht die besondere Rolle und Funktion Edmund Polaks gäbe. Denn eine Anne Frank hat ihren Lebens- und Leidensweg von der Dachkammer in Amsterdam bis zu ihrem Ende in Bergen-Belsen kognitiv verarbeiten und in beeindruckenden Reflexionen während der Ereignisse selbst beschreiben können. Basia war dafür zu jung. Ähnliches gilt für Stefan Jerzy Zweig, der in Buchenwald von erwachsenen Mithäftlingen vor der SS versteckt und damit vor der sicheren Ermordung bewahrt worden ist. Hier hat Bruno Apitz Zweigs Schicksal zum Sujet seines

Romans *Nackt unter Wölfen* (1958) gemacht, eines inzwischen dreimal verfilmten DDR-Bestsellers. Die Freiheitsgrade des Romanciers setzen dabei immer dann ein, wenn eine historisch genaue Rekonstruktion der Überlebensumstände unmöglich ist. Bei Basia dagegen fehlen jegliche Anhaltspunkte bis auf einen, und ein Romancier ist Polak auch nicht, sondern seit 1946 ein umtriebiger und im Kollegenkreis hochanerkannter Journalist. Somit bleibt als letzter prominent gewordener Vergleichsfall der des Bruno Dösseker, der als vermeintliches jüdisches Kind Binjamin Wilkomirski seine Odyssee von Lager zu Lager aufgeschrieben hat und dabei – wie Basia und Stefan Jerzy Zweig – zu jung gewesen sein will, um das grauenhafte Geschehen um ihn herum zu verstehen und richtig einordnen zu können. Hier waren es Daniel Ganzfried und der Historiker Stefan Mächler, die Dösseker's Version in *Bruchstücke* (1995) anzweifelten und seine eigentliche Identität herausfanden. Nicht, dass wir Anlass hätten, Basia Ähnliches zu unterstellen oder bei ihr Vergleichbares zu diagnostizieren wie Ganzfried und Mächler bei dem Schweizer Dösseker/»Wilkomirski« (nämlich ein Kindheitstrauma ganz anderer Art, dem dieser begegnet mit Deckerinnerungen ›als Kind aus den Lagern‹). Die Vergleichbarkeit ist vielmehr auf der Ebene der Rechercheure gegeben. Jeder für sich, wurden Mächler, Ganzfried und Edmund Polak als Identitätsdetektive von (vermeintlichen oder tatsächlichen) KZ-Kindern tätig. Und nur wenn man genau hinsieht, fallen auch hier Unterschiede in den Blick. Ein Stefan Mächler konnte historisch, sprich mit belastbaren Quellen arbeiten und so eine lückenlose Indizien- und Beweiskette zusammenstellen. Edmund Polak dagegen hat den Fall der Basia nicht selber lösen können, sondern war auf Hilfe von Zeitzeugen und deren sachdienliche Hinweise angewiesen. Exakt diese Auskünfte und Informationen, ihre Abfolge und die allmähliche Klärung der Identität der Basia dokumentiert er Jahre später in seinem Buch *Kim jesteś, Basiu?*

Polaks Suche nach der Identität von Basia beginnt im Februar 1965, als er erfährt, dass die Behörden der Frau die Ausstellung eines Personalausweises verweigern. Interessant ist diese Geschichte für ihn aus zwei Gründen: Erstens wusste er aus eigener Erfahrung, dass die in Auschwitz geborenen Kinder – und bei Basia musste es sich um einen Säugling gehandelt haben, dessen Unterarm für eine fünfstellige Lagernummer-Tätowierung schlicht zu wenig Platz bot, so dass man die Nummer auf ihrem Oberschenkel anbrachte – in der Regel sofort getötet wurden. Zweitens wollte er der Frau angesichts der doppelt außergewöhnlichen Umstände – eine wider Erwarten überlebende Auschwitzgefangene erhält keine Papiere, die sie für die Aufnahme einer beruflichen Tätigkeit benötigt – helfen, eben diese Ausweise zu erlangen. Denn bei Basia handelte es sich um eine junge Frischverheiratete, bei der die Behörden stutzig wurden, weil in den verfügbaren Dokumenten verschiedene Geburtsorte verzeichnet waren. Auch mehrere Gerichtsprozesse, die sie angestrengt hatte, änderten nichts daran, dass sie keinen Personalausweis bekommen und folglich keine Arbeit finden konnte. Unabhängig davon wollte sie ihre Vergangenheit und ihre Wurzeln kennenlernen.

Edmund Polak beginnt seine Recherchen. Er reist durch ganz Polen, nimmt Kontakt mit polnischen und internationalen Institutionen auf. Die Suche stößt schnell auf großes Interesse der Leser seiner Zeitung, des EXPRESS WIECZORNY, denn hier berichtet er in regelmäßigen Abständen über ihren Verlauf. Auch Reporterkollegen in der Sowjetunion und der Tschechoslowakei unterstützen ihn, indem sie seine Recherchen, für die er auch das Internationale Rote Kreuz in Anspruch nimmt, in ihren Zeitungen und über Nachrichtenagenturen zirkulieren lassen. Die Folge: Polak und seine Redaktion erhalten viele Briefe von Menschen, die in der Kriegszeit in Auschwitz waren und dort Umgang mit Kinderhäftlingen hatten, sogar vermeintliche Familienangehörige von Basia tauchen auf, erweisen sich aber im Nachhinein als kalte Spur. Wertvoller sind da schon Informationen, die eingehen über die Organisationsstruktur des Lagers, die Kennzeichnung der Häftlinge mit Nummern, die Prozedur der Aufnahme ins Revier (so hießen die Krankenbaracken) und die Untersuchungen der Kinder durch den Lagerarzt Dr. Josef Mengele.

Die tätowierte Nummer, die Basia auf ihrem Oberschenkel trägt, ist nach ihrem Erwachsenwerden nur noch undeutlich zu erkennen. Anfangs glaubt man, es sei die Nummer 73528, doch während der Suche stellt sich heraus, dass eine solche Nummer wenig wahrscheinlich ist. Basia hätte dann jüdischer Abstammung sein müssen, und niemand weiß besser als Edmund Polak, dass dies in Auschwitz den sofortigen und erbarmungslosen Tod bedeutet hätte. Expertisen werden angefertigt, die eindeutige Bestimmung der Originalnummer ist jedoch nicht möglich. Immerhin: Man stellt fest, dass die Nummer geändert worden sein konnte. Basia wurde sozusagen umtätowiert, weil ein Fehler in der Nummerierung vorlag. Die wahrscheinlich richtige Nummer ist nun die 79529. Diese Entdeckung hat wesentlichen Einfluss auf den Verlauf der weiteren Suche.

Erneut nehmen viele vermeintliche Familien von Basia Kontakt mit Edmund Polak auf. Und eine von ihnen erweist sich tatsächlich als die langersehnte heiße Spur. Lida Woronkowa ist es, die Polak auf ihre Mutter hinweist, welche im Herbst 1943 in schwangerem Zustand nach Auschwitz eingeliefert worden war.

Diese Mutter erwartete Zwillinge, was eine Erklärung dafür sein konnte, dass Basia in Auschwitz überlebte. Denn Zwillinge wurden Untersuchungen durch Dr. Josef Mengele unterzogen. Sie entgingen damit der umgehenden Tötung in den Gaskammern.

Dann, so Lida Woronkowa, sei eines Abends ihr Bruder, der Zwilling von Basia, gestorben. Dass es am Abend geschah, wird bedeutsam, denn den toten Jungen entdeckte man erst am Morgen danach, was bedeutet, dass in seinem toten Körper bereits Zerfallsprozesse eingesetzt hatten. Dies wiederum rettete Basia das Leben, denn die perfide Logik von Mengele und seinen Helfershelfern in weißen Kitteln sah vor, dass man Vergleiche der Zwillinge anstellte. Was bei dem einen Zwilling zum Tod geführt hatte, wollte man durch die Autopsie des anderen verifizieren oder falsifizieren unter der Annahme, dass sich auch hier entsprechende Veränderungen nachweisen lassen. Dafür musste man auch den Zwilling töten.

Bei Basias Bruder waren am Morgen nach seinem Tod jedoch, so die Rekonstruktion Polaks, die Veränderungen im Organismus – in seiner Leiche – schon zu groß, um sie mit den eventuellen Veränderungen im Körper von Basia zu vergleichen.

Eine weitere Begebenheit kam hinzu, so wieder Polak, die dem Mädchen ein weiteres Mal das Leben rettete. Basia entsprach mit ihren genetischen Eigenschaften den Anforderungen für das Nazi-Programm der Germanisierung ›rassisch reiner‹ Kinder. Man verschonte sie auch deswegen, verschonte sie also erneut und damit auf eine geradezu wundersame Art mehrfach.

All das klingt so spannend wie eine fiktionale Detektivgeschichte. Vielleicht hört es sich auch unglaubwürdig an: selbst und vor allem heute noch. Wir legen es hier so dar, wie es in *Kim jesteś Basiu?* steht, und enthalten uns einer kommentierenden Wertung. Oder besser, wir enthalten uns fast: Edmund Polak war auf Hinweise aus der Bevölkerung angewiesen, seine Herangehensweise hatte etwas von *Aktenzeichen XY ungelöst* und seine Darstellung mit dem ›runden‹, schlüssigen Ende fällt ziemlich kolportagehaft aus. So viel Zweifel an der Belastbarkeit seiner Recherchen muss sein.

Diesen Recherchen zufolge überlebte Basia das Vernichtungslager Auschwitz durch eine Verkettung extrem glücklicher Umstände, an deren Ende ihre ›germanischen Rassemerkmale‹ standen. Jahrelang weiß sie nichts von ihrer Abstammung, ehe sie 1967 ihre vermeintliche Schwester in Warschau trifft: Lida. Dieses Ereignis wird in einem Presseartikel beschrieben, den wir unten anfügen.

Die Geschichte von Basia und die Suche nach ihrer Familie und ihren Wurzeln sind das Leitmotiv des Buches. Nach seiner Lektüre zurück bleibt ein zwiespältiger Eindruck. Denn bei allen Vorbehalten daran, ob eine verlorene Identität hier tatsächlich zweifelsfrei rekonstruiert und Basia mit auf ihren weiteren Lebensweg gegeben wird, lernt man mit den Ausführungen auch den Rhythmus des Lebens und des Sterbens im Konzentrationslager Auschwitz kennen – und in dieser Hinsicht war Edmund Polak, wie wir gesehen haben, nicht nur ein authentischer, sondern auch ausgesprochen reflektierter und sensibler Zeuge. Hier nun wird die Frage der Kinder hervorgehoben: In der ersten Zeit der Existenz des Lagers wurden sie unverzüglich umgebracht. Später führte man unmenschliche Untersuchungen an Zwillingen und kranken Kindern durch. Gegen Ende des Krieges bereitete man die ›rassisch reinen‹ Kinder (die mit den arischen Zügen also) für die Adoption durch kinderlose deutsche Familien vor. Polak präsentiert dazu eindrucksvolle Dokumente, aus denen die Lagerhaftbedingungen für Kinder ebenso wie die Adoptionsfreigabe und Germanisierung von polnischen Waisen angesichts einer schrumpfenden deutschen Bevölkerung am Ende des Krieges hervorgehen. Er bekommt auch, wie er anmerkt, viele Geschichten zu hören, die der von Basia ähneln.

Diese Dokumente und Geschichten rufen in ihm die Erinnerungen an seine eigenen Erlebnisse im Lager hervor, die er nun aus der Distanz beschreibt, als reifer Mensch.

Nachgelesen bei Edmund Polak

»Auf der Spur des geheimnisvollen Schicksals von ›Basia – Nr. 73528‹, geboren in Birkenau« (Na tropach tajemnice tragiczny chlosów ›Basi – nr 73528‹ urodzonej w Brzezince)

(aus: Express Wieczorny, 23. April 1965, S. 1)

Das Schicksal von ›Basia 73528‹, einem im KL Birkenau geborenen Kind, das nach seiner Familie sucht (siehe die Ausgabe des ›Express Wieczorny‹ vom 2./3. April dieses Jahres) ist bei unseren Lesern auf großes Interesse gestoßen. Wir erhalten viele Anfragen und Informationen. Auf unsere Aufforderung hin haben sich einige Personen gemeldet, deren Angaben ein neues Licht auf die komplizierte Angelegenheit werfen.
So erklärte die ehemalige Gefangene des KL Birkenau – Doktor Irena Białówna, wohnhaft in Białystok –, dass zum Zeitpunkt des Tätowierens der Nummer auf Basias Bein nicht nur Transporte aus Theresienstadt, sondern auch Polinnen und Weißrussinnen im KL Birkenau ankamen.
Bei der Auflösung des Lagerbereichs ›B II b‹ im KL Birkenau seien diese Kinder dann verschwunden. Daher könne behauptet werden, dass Basia polnischer oder weißrussischer Herkunft ist.
Doktor Białówna, die sich bei der Evakuierung von Birkenau nach Łódź um die Kinder gekümmert hat, bekräftigt zudem, dass tags zuvor ein kleiner Transport in das Bromberger Umland entsendet worden war, der aus 2-3 Kindern bestand. Sie sollen in einem Kinderheim geblieben sein. Vielleicht kann sich jemand an diese Ereignisse erinnern?
Wir haben auch neue Informationen von ›Basia‹ selbst über eine Zusammenkunft erhalten, an der die im März 1945 aus dem Lager Lebrechtsdorf-Potulitz nach Schlesien Transportierten beteiligt waren. Nach dem Warschauer Aufstand im August 1944 sind zwei Frauen in den Block in Birkenau gekommen, in dem sich Basia befunden hatte.

›Die ältere Frau nannte sich ›Oma‹‹ – schreibt Basia, – ›die zweite Frau fütterte mich über drei Monate hinweg. Eines Tages kamen sie weinend zu mir. ›Oma‹ sagte, dass sie mich nie mehr wiedersehen würden. Einige Frauen wurden hinter den Block geführt, es waren Schüsse zu hören. Danach kam eine andere Frau, deren Kind ums Leben gekommen war, um mich zu füttern. Ich wurde aus Potulitz nach Schlesien mit einer auf meinem Händchen gebundenen weiß-roten Schleife transportiert. Von Auschwitz nach Potulitz bin ich angeblich noch mit einem kleinen Jungen ohne Transportliste befördert worden‹.
Vielleicht erinnert sich jemand angesichts dieser Einzelheiten an die Umstände des Aufenthalts von Basia im KL Birkenau oder des Transports nach Potulitz?
Wir warten auf weitere Briefe an den ›Express Wieczorny‹. Einsendungen sollten mit der Angabe ›Basia – 73528‹ versehen sein.

»Berührende Begegnung« (Wzruszające spotkanie)

(aus: Express Wieczorny, 28. August 1967, S. 1)

Am Samstag, dem 26. August, kam es auf dem Warschauer Hauptbahnhof zur berührenden Begegnung einer Einwohnerin von Władywostok [sic], Lida Woronkowa, mit ihrer bis dahin unbekannten jüngeren Schwester, Barbara Sidło aus Będzin. Das Treffen konnte dank zweieinhalbjähriger Bemühungen der Redaktion des ›Express Wieczorny‹ stattfinden.
›Ich bin unglaublich froh, dass ich nach so vielen Jahren eine Person aus dem engsten Familienkreis zurückgewonnen habe und bin dafür der Redaktion von ›Express Wieczorny‹ sehr dankbar‹, sagte Lida Woronkowa. ›Auch wenn die ärztliche Untersuchung es nicht bestätigen und keine Dokumente mehr gefunden werden sollten, fühlen wir uns als Schwestern und werden Schwestern bleiben. Nicht nur wegen der Ähnlichkeit der Gesichtszüge oder der Übereinstimmung dokumentierter Fakten und Aussagen, sondern auch, weil uns das böse Schicksal der faschistischen Ge

fangenschaft verbunden hat: in dem KZ, in dem meine Mutter umgekommen ist‹.
›Auch ich hielt und halte Lida für meine leibliche Schwester‹, sagte Barbara Sidło. ›Sie ist die Person, von der ich viele Jahre lang geträumt habe in dem Bewusstsein, dass ich weder Eltern noch Namen habe, nur die auf dem Bein eintätowierte Nummer‹.

(Übersetzung: Lidia Hutniczak)

KZ-Haft und Erinnerung: *Morituri*

Zuzanna Maksajda

Damit du es später deinem Sohn einmal erzählen kannst lautet der Titel der 1997 veröffentlichten Erinnerungen eines deutschen Luftwaffensoldaten, der im KZ-Komplex Mittelbau-Dora (also demjenigen Konzentrationslagerverbund, über dessen Innenleben Edmund Polak als Buchenwaldhäftling Kenntnis besaß und sein »Tunnel«-Gedicht verfasste) Wachdienst verrichtete. Natürlich ist es problematisch, die Perspektive des Willy Mirbach, so der Name des deutschen Aufsehers, mit der des überlebenden Opfers zu verbinden. Bei der Verarbeitung des Erinnerten und den Gründen dafür, es wenigstens schriftlich festzuhalten, wenn es zu einer mündlichen Tradierung an die Nachgeborenen schon nicht kommt, ergeben sich dennoch Parallelen.

Denn »Vater hat mit uns nie über seine Erfahrungen aus der Kriegszeit geredet«, erinnert sich der Sohn von Edmund Polak, Krzysztof, während eines Treffens mit uns im Juni 2017 an der Warschauer Universität. Über die Verhaftung und die Deportationen haben er und sein Bruder Andrzej also vor allem durch seine Schriften erfahren. Krzysztof Polak fügt an, dass für ihn das Buch *Morituri* dabei eine besondere Stellung einnimmt. Er habe es oft zur Hand genommen und darin gelesen, wieder und wieder, manchmal nur quer und an anderen Stellen dann doch genauer.

In der Tat stellt dieses Werk den eindrücklichsten Bericht Edmund Polaks über seine Zeit als KZ-Häftling dar. Es ist sozusagen das innenperspektivische Gegenstück zum nüchtern-chronologischen *Dziennik buchenwaldzki*, das von seinem Aufbau her die Warte eines außenstehenden, nicht in die Ereignisse Involvierten einnimmt. *Morituri*, betitelt nach dem Ausspruch der antiken Gladiatorenkämpfer, die als Totgeweihte ihren Unterdrücker, den Kaiser des Römischen Weltreiches grüßten (»Ave Caesar, morituri te salutant«), ist autobiographische Reflexion, wo *Dziennik* historiographisch zu sein versucht und mit einem maximal objektiven Duktus aufwartet. Das Buch wirkt stellenweise sogar persönlicher als Polaks in den Lagern geschriebene Gedichte. Edmund Polak offenbart in ihm all die Inspirationen, Gefühle und Gedanken, die ihn während des dichterischen Schaffens begleiteten. *Morituri* ist auch poetologische Selbstauskunft.

Herausgegeben wurde es 1968 vom Verlag Czytelnik. Wie Polak in der Einführung festhält, entstand es als Antwort auf die öffentliche Aussage »eines gewissen Literaten«, der die Auffassung vertreten hatte, dass es nicht möglich gewesen sei, die NS-Konzentrationslager zu überleben, ohne einen Missbrauch zu begehen oder sich einer Verfehlung schuldig zu machen. Das Verfassen des Buches besaß für Polak eine entlastende Funktion, also wortwörtlich eine, mit der er sich von der »Last der Erlebnisse« befreien konnte, die er mit seinen ehemaligen Mitgefangenen teilte (und nur mit diesen). Gleichzeitig wusste er, dass Zeugnisse wie *Morituri* das einzige Mittel sein würden, um die schwindende Erinnerung an die von ihm und anderen erlittenen Ereignisse langfristig zu bewahren. Mit solchen Zeugnissen ließ sich hoffentlich sicherstellen, dass sich dieser Teil der jüngeren Geschichte nicht mehr wiederholte.

Die Darstellung der vergangenen und in *Morituri* memorierten Ereignisse geschieht nicht chronologisch. Ganz im Gegenteil verflechten sich die Erinnerungen aus Auschwitz mehrfach mit denen aus Buchenwald, aus dem Pawiak-Gefängnis und mit noch älteren. Auch erzählperspektivisch ist das Buch interessant. Polak changiert zwischen dem gewesenen Gefangenen, der sich die Ereignisse vergegenwärtigt und dafür das historische Präsens bemüht, und dem ehemaligen Häftling, der auf sein Erleben aus zeitlicher Distanz zurückblickt. Manchmal nimmt er auch die Warte des unbeteiligten Beobachters ein.

Deutlich wird Letzteres, wenn er sich in einem akademisch anmutenden Exkurs der Komplexität des menschlichen Organismus widmet oder spekulativ der Verbindung zwischen der Psyche und dem Körper »des Menschen« nähert. Diese Passagen sind bei genauem Hinsehen mitreißender und tiefgründiger als vielleicht erwartet, denn es geht um Fragen wie die, ob vorenthaltene Nahrung den Willen, die Betrachtung der Wirklichkeit und das Denken selbst beeinflusst. Oder: was passiert im

Gehirn eines Menschen, der mit einem Genickschuss getötet wird? Welche Impulse rufen dabei welche Reaktionen hervor?
Polaks Schilderungen wirken sehr ernst und vor allem ernsthaft, seriös, denn sie sind unterfüttert mit Definitionen aus fachliterarischen wissenschaftlichen Arbeiten, die in den Fußnoten umfangreich erwähnt werden: Das MEDIZINISCHE MAGAZIN, die auch in Deutschland bekannten AUSCHWITZ-HEFTE (wo in einer Sondernummer themenrelevante Texte aus der Fachzeitschrift PRZEGLĄD LEKARSKI erschienen waren) oder, als nichtwissenschaftliches Beispiel, die Ausschnitte aus dem Todesurteil gegen den Auschwitz-Kommandanten Rudolf Höß werden angeführt. Alle diese Belegstellen, die für Polak zugleich Deutungsmuster und Erklärungsmodelle sind, dienen als Schlüssel zu einer Welt der selbst durchlebten Gefühle, die unter dem Einfluss der Erlebnisse aus dem Lager für den Betroffenen gedämpft, abgestumpft oder gar dauerhaft entstellt wurden: egal, wie sehr man dabei oder danach versucht hat, diesen Prozessen entgegenzuwirken.
Das große und maliziöse Thema, um das sich alles in *Morituri* dreht, ist der Tod. Egal, ob der ›fremde‹ oder der ›eigene, nicht zustande gekommene‹: der Tod und das Sterben sind omnipräsent. Den Morituri in gestreifter Häftlingskleidung begegnet der Tod in unterschiedlichster Form und Gestalt: als physischer oder emotionaler, als Tod der Erinnerungen, der menschlichen Würde und der Menschlichkeit ist er untrennbarer Teil ihres Lebens in den Konzentrationslagern. Mit »Tod, wie bist du?«, ist eines der sieben Kapitel überschrieben.
Ein anderes handelt von den verschiedenen Methoden der Henker, die Häftlinge umzubringen. Im Kapitel »Wege des Erkennens« sinniert Polak über die sogenannte Sonderbehandlung, hinter der sich in Nazi-typisch beschönigender Manier der Genickschuss verbirgt. An anderer Stelle widmet er sich der lagerüblichen Strafe der Auspeitschung, hier der eines Franzosen, die während eines Appells in Buchenwald – also vor den Augen aller Mithäftlinge – ausgeführt wird und in seiner Lyrik, wie gesehen, ebenfalls Veranschaulichung findet.
Viel Platz räumt Polak auch den nicht so sichtbaren Methoden ein, die zugleich subtiler als die rohe physische Gewalt wirkten: dem Hungern (»Schicksal des Viehs«), dem »Warten« oder den schmerzlichen Gedanken an die Heimat (»Sehnsucht nach Warschau«).

Besonders der Hunger ist für Polak Faszinosum und Folterwerkzeug zugleich. Er sieht in ihm einen Verbündeten der Unterdrücker, weil er sogar »die noch über ein Selbstbewusstsein Verfügenden« über kurz oder lang »auf den Weg der Gemeinheit und der Gleichgültigkeit gegenüber dem Schicksal der Anderen schob«. Systematisch wird der Hunger zum Komplizen der Unterdrücker und Saboteur am Wertegerüst der Häftlinge: etwa wenn die Frage ›Welche Suppe gibt es heute?‹ wichtiger erscheint und einen mehr berührt als die an einem Mitgefangenen ausgeführte Peitschenstrafe. Ein anderes Beispiel ist der Muselmane (so der Lagerjargon für einen extrem geschwächten und dadurch in seinen Handlungen nicht mehr zurechnungsfähigen Häftling), der unter seiner Decke die Leiche eines anderen Häftlings versteckt, um an dessen Nahrungsmittelration zu kommen. Auch hier erodieren Werte und ethische Maßstäbe unter der Knute des allgegenwärtigen Hungers.

Das ständige Warten(müssen) und die Sehnsucht – in Polaks Fall die nach seiner Heimatstadt – sorgen ebenfalls dafür, den Geist der Häftlinge zu schwächen und sie nach und nach ihrer Gesundheit und Kräfte zu berauben, ihnen die Hoffnung zu nehmen und den Willen zum Widerstand zu brechen. Als beispielhaft hierfür steht die sogenannte Stehstrafe, also der um mehrere Stunden verlängerte Appell, oder der Arrest im Stehbunker, auf den Polak nicht nur hier reflektiert, sondern den er auch in seinen Gedichten verarbeitet.

Morituri wäre somit eine Schilderung aus dem Pandämonium, eine trostlose Darstellung der Abgründe des Menschseins, ein Todesartenprojekt aus den Konzentrationslagern des Dritten Reiches. Entsprechend folgerichtig wäre es, wenn niemand den bösartigen Machinationen entkäme und alle Häftlinge in der Hölle aus Resignation, Auszehrung und freidrehender Perfidie ihr Leben ließen. Dass dem nicht so war und es trotz der ständigen Bedrohung durch einen mehr oder minder grausamen Tod auch wirksame Mechanismen des Widerstands und erfolgreiche Strategien der Verteidigung des versehrten Geistes gab, lässt Polak nicht unerwähnt.

Dem pandämonischen Szenario setzt er damit die (Über-)Lebenskraft des Menschen entgegen, und er setzt dieser (Über-)Lebenskraft ein Denkmal. Eindrücklich beschreibt Polak die von den Häftlingen ausgedachten »besonderen Mittel gegen die Krankheit der Entmenschlichung und des Wartens«. Zu diesen Mitteln zählten das (Nach-)Erzählen von Geschichten, gelesenen und erinnerten Romanen, gesehenen Filmen oder Theaterstücken immer dann, wenn kein Kapo oder Wächter in der Nähe war. Polak erinnert sich an eines der Kommandos in Auschwitz, in dem er und seine Mithäftlinge Ziegel zu tragen hatten. Die mit der Last zurückzulegende Strecke betrug ungefähr zwei Kilometer und die Aufgabe, obwohl leichter als die anderen, weil für Rekonvaleszenten vorgesehen, war mühsam und dauerte lange. Um den Stumpfsinn und die körperliche Erschöpfung nicht die Oberhand über die Gedanken gewinnen zu lassen, erzählte man sich Geschichten aus den Büchern, den Kinos und von der Bühne so, als hätte man sie selbst erlebt. Aus den zwangsarbeitenden KZ-Häftlingen in der Ziegelei wurden gegenseitig Ich-Erzähler und Zuhörer von Abenteuern, die eigentlich andere, fiktionale Figuren durchgemacht hatten.

Die Funktion der auf diese Art umgestalteten Literatur wird deutlich. Für die Häftlinge bietet sie trotz oder gerade wegen der kleinen Ersetzung eine Form der Ablenkung und Entlastung von der brutalen Wirklichkeit des Lagers. Es wundert nicht, und Polak schildert dies ausgiebig, dass auch vor Ort verfasste (also nicht wie hier, adaptierte und dem eigenen Ich übergestülpte) Literatur eine therapeutische Wirkung sowohl für den Häftlingsautoren als auch sein Publikum hatte und zu einem weiteren besonderen Mittel im Kampf ums Überleben wurde.

Dabei war Polak sich anfangs gar nicht bewusst, dass seine Gedichte auch für andere wertvoll sein könnten: »Ich wusste noch nicht, welch starke Waffen für den Kampf ich in mir hatte«, schreibt er und schildert, wie ihm der Boxer »Teddy« Pietrzykowski dabei auf die Sprünge half.

Dieselbe »starke Waffe« trugen auch andere in sich. In Auschwitz war Marian Pankowski einer dieser Gleichgesinnten, ein aus Sanok stammender junger Dichter und Student der Polonistik an der Krakauer Jagiellonen Universität, der am 2. März 1942 für seine Aktivität in der Untergrundorganisation Związek Walki Zbrojnej (Verband des bewaffneten Kampfes) inhaftiert wurde. Die Mithäftlinge machten Polak und Pankowski miteinander bekannt und bauten so das Netzwerk der Lagerlyriker aus, die mit ihren Vorträgen zur Kultur ›von unten‹ in den ›von oben‹ als Barbarei und Zivilisationsbruch angelegten Konzentrations- und Vernichtungslagern beitrugen. Pankowskis weiterer Lebensweg weist übrigens, dies am Rande, Parallelen zu dem von Polak auf. Nach seiner Befreiung schrieb er Bücher, seine Romane *Z Auszwicu do Belsen* (Von Auschwitz nach Belsen) und *W stronę miłości* (Auf dem Weg zur Liebe) wurden 2001 und 2002 für den NIKE Preis nominiert und 2008 erhielt er den Literaturpreis der Stadt Gdynia. Anders als Polak erlebte Pankowski diese Ehrungen noch. Er starb 2011.

Der heimliche Widerstand durch erbauliche Vorträge und Gedichtrezitationen fand an vielen Orten innerhalb der Lager heimlich statt. Einen dieser Orte hebt Polak besonders hervor. In Buchenwald konzentrierte sich das kulturelle Leben in der sogenannten Pathologiebaracke: zumindest galt dies für alle diejenigen, die durch ihren Status innerhalb der Häftlingsgesellschaft hierhin Zugang hatten. Weil hier Autopsien an den Körpern verstorbener Häftlinge durchgeführt wurden und diese als Infektionsrisiko galten, beschränkte die SS auf Täterseite den Zutritt, wie Magdalena Izabella Sacha in einem 2014 erschienenen Überblick der heimlichen künstlerischen Betätigungen der Buchenwaldinternierten zeigt (»*Gdyście w obóz przybyć już raczyli…«. Obraz kultury lagrowej w świadectwach więźniów Buchenwaldu 1937-1945*). Damit entstand eine Situation, die paradoxer nicht hätte sein können: Die Angst der Unterdrücker vor Kontamination ermöglichte den Unterdrückten Freiräume.

Die literarischen Treffen in der Pathologiebaracke leitete Jan Zygmunt Jakubowski, der aus Płock stammende Warschauer Literaturwissenschaftler, auf den wir schon eingegangen sind. Vor und während des Krieges arbeitete er als Lehrer. Nach seiner Verhaftung gelangte er über Tarnów und Sanok zunächst, wie Edmund Polak, nach Auschwitz und dann nach Buchenwald. Nach dem Krieg wurde er Professor für Geschichte der polnischen Literatur und war Leiter des Instituts für Polnische Philologie an der Universität Warschau; herausgefunden haben wir das in einem Nekrolog auf ihn von Andrzej Lam aus dem Jahr 1976 in der Literaturzeitschrift Pamiętnik Literacki.

Für Polak waren die Treffen in der Pathologiebaracke nicht nur willkommene Gelegenheiten zum Austausch und zur Klassikerrezitation, die ihn und die anderen Teilnehmer »vor dem Sturz, dem Zusammenbrechen und dem moralischen Verfall schützten«. Die Zusammenkünfte regten ihn zudem an, selber aktiv zu werden und wurden so zur Inspirationsquelle für den »Lagerdichter«, wie er sich selbst im *Dziennik buchenwaldzki* bezeichnet. Als Beispiel nennt Polak in *Morituri* die Ausführungen Jakubowskis zur Entstehung des »Nachtlieds« Goethes, die ihn zu dem oben wiedergegebenen intertextuellen Experiment inspiriert haben, bei dem er die Originalverse durch Anspielungen auf Weimar und die notorischen »*Buchen*landschaften der *wald*igen Hügel« ringsum (bukowych panoram pagórków lesistych) subtil de- und rekontextualisiert.

Edmund Polak, Tadeusz »Teddy« Pietrzykowski, Marian Pankowski und Jan Zygmunt Jakubowski haben auf ihre je eigene Weise unter Beweis gestellt, wie widerständig der Mensch und insbesondere sein Geist zu sein vermag. Zwar kann es sein, dass in jedem von ihnen – die sie alle die Nazis und ihre Entmenschlichungsfabriken physisch überlebt haben – auf gewisse Weise etwas gestorben ist. Mit ihrem Eintritt in die »Nekropolis« (Boris Pahor) der Konzentrationslager verwundert dies nicht, schließlich waren sie von diesem Moment an Todgeweihte, »Morituri«.

Wir wissen aber auch noch etwas anderes. Die Todgeweihten in den Lagern mögen kleine Tode gestorben sein durch ihre Degradierung zu Nummern und die allmähliche Umwandlung in kraft- und willenlos zwangsarbeitende Kreaturen, denen die Nazis in Komplizenschaft mit dem Hunger nicht nur ihr Menschsein raubten, sondern auch ihre Menschlichkeit auszutreiben trachteten. Den endgültigen Tod sind die Polaks und Pietrzykowskis, die Pankowskis und Jakubowskis aber nicht gestorben. Mehr noch, sie haben ihr Todgeweihtsein reflektiert und der Ausweglosigkeit getrotzt, indem sie das Bedrohliche sublimiert und transformiert haben in Vertrautes und Kraftspendendes: in ihrem Fall mit den Mitteln der Literatur. Das Rezitieren im Lager, das Schreiben und Aufschreiben und damit Bezeugen waren Strategien des Widerstandes gegen deutsche Täter und einen deutschen Tod.

Morituri legt davon Zeugnis ab. Es ist das mit Sicherheit profundeste Buch Edmund Polaks. Wenn wir einen Wunsch offen hätten oder eine Empfehlung aussprechen dürften, dann die, es in Polen wiederaufzulegen und vollständig ins Deutsche zu übersetzen.

Nachgelesen bei Edmund Polak

»Hunger (Das harte Los)«

Und dann beherrschte der allmächtige Hunger schrittweise, aber schnell, die Zentren der Empfindung, des Willens, der Selbstbestimmung. Er lähmte Gedanken, verdarb Charaktere, rang Gewohnheiten nieder. Er bohrte sich in jede Zelle des Körpers. Er beraubte einen der Hoffnung, des Kampfwillens, der Urteilskraft. Das Wesentliche war es, etwas zu essen, was so gar keinen Nährwert, keinen Geschmack hatte, dafür aber etwas, das den Mechanismus des Stoffwechsels und die Regeneration danach eine Zeitlang überlistete.

Es gab kein Gerechtigkeitsgefühl, keinen Handlungsverstand. Die Handlungen selbst versandeten, außer denjenigen, die mit Essen zu tun hatten. Nur Hunger und Durst gab es. Denen wurden automatisch alle Sinne und Instinkte unterworfen. Alles andere, was kein Fressen oder kein Streben nach Fressen war, blieb unwichtig. Der fremde Tod und der eigene Tod? Unwichtig – bloß nur etwas futtern, bevor man stirbt. Liebe? – das Konzept ziemlich lächerlich, irrelevant. Schmerzen? Man spürt doch keine Schmerzen, wenn man lediglich daran denkt, seinen eigenen Hunger zu befriedigen … Hunger trieb den immer noch bewusst Agierenden auf den Weg der Niedertracht und Gleichgültigkeit gegenüber dem Unglück der anderen. Er führte in den Abgrund. Er stumpfte ab, beraubte einen des Gefühls der Schönheit, ließ das Streben nach Artgenossenschaft mit anderen Menschen verkümmern und nahm einem jegliche Ziele. Er lähmte motorische Zentren. Gedanken und Bewegungen verliefen langsam, Reaktionen erwiesen sich als zu spät. Das Verständnis kam zu spät, um einen richtigen Impuls freizugeben, oder erreichte das abgestumpfte Bewusstsein erst gar nicht. Natürliche Reflexe verblassten, Muskelkrämpfe verschwammen, die abhängig von einem Willen sind, den es ebenfalls nicht mehr gab. Gefahrenbewusstsein, Mitgefühl, das Verlangen nach persönlicher Sauberkeit und andere Grundbedürfnisse sowie die Notwendigkeit, in der Gesellschaft zu leben, alles verschwand.

»Das Warten«

Wenn der allmächtige Hunger, der zuvor den rebellischen Gedankenschub paralysiert hatte, irgendwie normal wurde und der Häftling es schaffte, sich mehr oder weniger dem Eiweißschwund anzupassen, setzte das hoffnungslose Warten ein. Man konnte lernen, den Hunger mehr oder weniger zu stillen und ohne eine ausreichende Menge Essen auszukommen. Das durch Warten erregte Gefühl: diese Sehnsucht zu stillen, vermochte niemand. Die Hoffnung, dass es irgendwann in der Zukunft möglich sein würde, war winzig und irreal. Es war klar, dass man seine Wünsche nie in der Gestalt verwirklichen wird, in der sie in den Träumen vom entlegenen Teil der Welt jenseits des Stacheldrahtzaunes erschienen.

Damals war alles Warten. Sowohl im physischen Sinne, wenn die Muskeln beim Stehen immer mehr wehtaten, als auch im psychischen, wenn man sich etwa das Treffen mit einer gewissen Person in der Zukunft vorstellte. Dieser Jemand konnte doch schwerlich derselbe geblieben sein, den man von vor einigen Jahren in Erinnerung behalten hatte. Alles war Warten – schon seit dem Moment der Festnahme, und sogar später, bis der letzte flüchtige Mythos zerstört wurde.

Man schreckt aus dem Halbschlaf auf, der grelle Schein der Glühbirne leuchtet direkt in die Augen und schon beginnt man darauf zu warten, was der Tag bringt. Man wartet in der Schlange für den Waschraum, fürs Klo, für Kaffee. Man wartet, bis der Appell beginnt und bis er zu Ende geht. Man wartet auf den Abmarsch zur Arbeit, auf den Sonnenaufgang, auf den Arbeitsbeginn, auf die Pause, auf den Sonnenuntergang, auf das Ende des Arbeitstages, auf die Rückkehr, auf den gefährlichen Moment des Passierens durch das KZ-Tor. Man wartet wieder, bis der Appell beginnt und endet, bis die Briefe verteilt werden, bis man etwas essen kann, bis man sich auf die Pritsche legt, bis man einschläft. Zur gleichen Zeit befürchtet man aber, dass der Schlaf zu kurz sein wird und dass man danach wieder warten muss.

Man wartet mit Entsetzen, mit Ekel, mit Sehnsucht, mit Bedürfnis, mit Entmutigung, mit Hoffnung, mit Ruhe, mit lähmender Angst, mit Verzweiflung, mit Zuversicht und mit Widerstand. Man wartet, einfach.

»Die Pfade der Erkenntnis«

Über die Entstehungsbedingungen des Gedichts »25« (Auszüge)

Ihr Ziel war, uns durch Schmerz zum Nichtdenken zu zwingen, zu einem automatischen Gehorsam, zur Unterwürfigkeit zu bringen, denn genau das diktierte ihnen ihre eigene Mentalität. Und wir gaben sogar absichtlich dem Schmerz nach, wenn es notwendig war, nicht zu denken, um niemanden beim Vernehmen zu verraten, um ohnmächtig zu werden, wenn es keinen anderen Weg gab. Wir wissen, was es bedeutet, die Lippen zusammenzubeißen oder sich die Fingernägel in die Muskeln zu pressen, bis es blutet. Wir konnten sie dazu herausfordern, uns zu prügeln, damit wir etwas mehr Zeit gewannen, um die verwirrten Gedanken zusammenzukriegen, so dass sie gegen sie, die Unterdrücker gewendet werden konnten.

Mit einer einfachen Reaktion mobilisierte die Rebellion der Gedanken gleichzeitig den Körper dazu, die physischen Leiden besser zu ertragen. Und so lernten wir, wie man aus dem Kreis des Leidens herauskommt und in die Welt der eigenen Gedanken und Träume gelangt. Es gelang uns, solange die im Organismus angesammelten Eiweiß- und Fettvorräte reichten, damit die Gehirnzellen sich regenerieren konnten.

Im Buchenwalder Museum befindet sich ein besonderes Ausstellungsstück – ein menschliches Gehirn. Ein in Formalin sorgfältig konserviertes Gehirn eines unbekannten Häftlings. Das Präparat wurde im Konzentrationslager für Versuchszwecke angefertigt, für den Gebrauch durch die SS-Totenkopf-Bataillone, deren Kaserne ans KZ grenzte. Dem Besitzer dieses Gehirns wurde seine Denkfähigkeit in einer damals perfekten Weise weggenommen, und zwar durch einen klassischen Genickschuss statt eines Herz-

schusses. Ein Schuss, und die Sache ist erledigt. Man kann sie ruhig abhaken, ohne eine zweite Kugel zu verschwenden, was das Kriegspotenzial des Dritten Reichs beeinträchtigen könnte. Eine Kleinkaliberpatrone für einen Untermensch. Ohne Fehlschuss.
[...]
Aber warum erinnert mich ein in klassischer Weise durchschossenes Gehirn, ein Lehrmittel für die SS-Ärzte und für die Soldaten, das unterweisen half, wie man auf ökonomische Weise Feinde fertig macht, an den Inhalt eines meiner Gedichte, das ich für [den Mithäftling und Zwangsarbeiter in der Pathologie-Baracke] Zdzisiek Lewandowski angefertigt habe? Dieses Gedicht über die Prügelstrafe mit dem Titel »25« war, was mir erst viel später klar wurde, just von den Eigenschaften des menschlichen Gehirns inspiriert, über die ich lange nach dem Besuch in der Pathologie-Baracke nachdachte, als das Bild des in Formalin konservierten Präparats in meinem Gedächtnis monatelang nicht verblassen wollte.
[...]
Als ein Assistent eines Hochschulprofessors eine meiner Bekannten, eine Studentin, zum Seitensprung überreden wollte, versicherte er ihr während einer Unterhaltung, dass sie den starken inneren Widerstand nur beim ersten Mal empfinden würde. Beim zweiten Mal wäre dieser Widerstand schon weniger bemerkbar und mit jedem weiteren Mal würde sie sich allmählich daran gewöhnen und sich auch keine Vorwürfe mehr machen. Die erste Abweichung von der angenommenen moralischen Handlungsweise würde in ihrer Großhirnrinde so etwas wie einen scharfen, quälenden Riss verursachen, der in der Wissenschaft als Pfad der Erkenntnis bezeichnet wird. Alle weiteren Risse würden immer sanfter ausfallen, ähnlich den von einem ins Wasser geworfenen Stein verursachten Wellen auf einem See, die sich strahlenförmig ausbreiten, bis sie fast komplett verschwinden. Daher merke man sich jede erste intensive Empfindung am besten.
Wir fragten uns, ob das durchschossene Gehirn des unbekannten Häftlings seit dem Moment, in dem die Kugel begann, nacheinander seine Haut am Hinterkopf, die Schädelknochen und die graue Substanz zu durchbohren, bis das Gehirn tot war, es noch schaff-

te, diesen Pfad der Erkenntnis – der Erkenntnis der ganzen perfiden Wahrheit über die Naziherrschaft, über die mit den praktischen Versuchen belegte wissenschaftliche Verbrechenstheorie zurückzulegen. Wenn man nur mithilfe eines Gerätes diesen Prozess registrieren und das Netz der anderen unter dem Einfluss der Lagererfahrungen entstandenen Pfade entschlüsseln könnte… wenn man doch nur den Gedankenverlauf dieses Häftlings rekonstruieren könnte!

Solche Betrachtungen streiften durch meine grauen Zellen, als das Gedicht »25« begann, in mir zu keimen. Woran dachte ein Häftling, während er ausgepeitscht wurde? Woran würde ich in einer solchen Lage denken? Und der während des Appells neben mir stehende Priester Dulik? Oder Tadek Jastrzębski, mein Freund aus dem KZ, wenn Meningitis ihm sein achtzehnjähriges Leben nicht geraubt hätte? Welche Rolle bei der Entstehung dieses Gedichtes spielten meine persönliche Erfahrungen, welche mein Interesse an Psychoanalyse, meine Lieben und Freundschaften, die früheren und späteren Ereignisse aus den Zeiten der Freiheit, aus dem Pawiak-Gefängnis, aus der [Gestapo-Zentrale in der] Aleja Szucha und aus Auschwitz? Inwiefern hatte das in Buchenwald und in Auschwitz angewendete System der Willensschwächung auch mich herabgewürdigt, auch meinen Willen geschwächt? Oder hat es, ganz im Gegenteil, nach dem physischen Reaktionsprinzip meinen Hass und meinen Widerstand gestärkt?

Es stellte sich heraus, dass der Assistent, der der Studentin den erwähnten Vorschlag unterbreitet hatte, Recht behielt. Wohlgemerkt nicht über den Ehebruch. Sondern in seiner treffenden, weil von der Praxis bestätigten, wenngleich einseitigen Beschreibung, wie das Gehirn aus wissenschaftlicher Sicht funktioniert. Die Tiefe der Pfade der Erkenntnis ist sowohl beim Verführen als auch beim Widerstand oder beim Überlebenskampf von Bedeutung, auch wenn vom Leben nicht viel übrig bleibt und der durch Schmerzen oder durch Gedankenflut abgestumpfte Denkapparat nicht mehr richtig funktioniert.

»Legende von Goethe«

Als [...] auf Befehl des Reichsführers-SS Heinrich Himmler ein neues Konzentrationslager auf einem Hügel in der Nähe von Weimar eingerichtet wurde, erhielt es zunächst den Namen ›Konzentrationslager Ettersberg‹. Dies war der Name eines mit Buchenwäldern bedeckten Berges. Es war lange ein beliebter Ort für die Sonntagsspaziergänge der Weimarer. Ehemals ging dort der Prinz von Weimar auf die Jagd, ohne ahnen zu können, dass in Zukunft an diesem Ort nach Menschen gejagt würde.
Dort, im Schoße der Natur, traf sich der Dichter Johann Wolfgang Goethe mit seiner Geliebten Charlotte von Stein. Ebendort schuf er seine romantischsten Gedichte, wie diese Umgebung überhaupt mit schönen Reminiszenzen an ihn durchsetzt ist.
In der Tat, auf diesem verwerflichen Ettersberg geschah das Unkultivierte. Hätte sich Goethe jedes Mal, wenn man sein Andenken entehrte, in seinem Grab umgedreht, so müsste er dies mit der Geschwindigkeit eines Ventilators tun. Am 12. März 1943 kam unser Transport von Auschwitz in Buchenwald an – mit tausend Polen. Wir gingen unten in ein Gebäude, in dem sich eine Badeanstalt befindet, und dann in die sogenannte Effektenkammer. Statt der neuen Häftlingsanzüge, die wir in Auschwitz für unseren Weg erhalten hatten, sollen wir nun alte Lumpen bekommen. Auf dem Weg, gegenüber der Waschanstalt, zeigte uns jemand eine vertrocknete Eiche.
›Hier unter dieser Eiche saß einst Goethe‹, sagte uns der Lagerälteste, Erich Reschke. ›Laut einer Legende würde Deutschland untergehen, wenn diese Eiche vertrocknet‹.
Der einst schöne Baum hatte damals nur noch einen grünen Ast. Danach wurde uns keine Legende mehr erzählt, sondern die Wahrheit – auf einem der unteren Äste, der über den sorgfältig gepflegten Lagerweg ragt, wurden früher Hinrichtungen durch den Strang vollzogen. Sie ließen das Opfer am Baum hängen, so dass jeder aus der Nähe sehen konnte, was ihn erwartete, wenn er aus dem Lager zu entkommen wagte. Als der Baum zu vertrocknen begann, hörte man auf, an diesem Baum Menschen auf-

zuhängen, zumal eine andere und effizientere Möglichkeit der Hinrichtung entstand – ein Schuss in den Hinterkopf im Pferdestall. Als im April 1943 an dem letzten noch lebenden Zweig der Eiche Blätter sprossen, waren diese weniger als die Gefangenen, die von Anbeginn an hier erhängt wurden.
Wir sahen uns mehrmals die Eiche von Goethe an und zählten bei Frühlingsanfang jedes Mal ihre Blätter. Im Jahre 1944 hatte nur ein Zweig Saft, nur ein einzelnes Blatt war grün und ein paar andere entwickelten sich noch nicht vollständig. Schließlich kam es am 24. August 1944 zur Bombardierung der Waffenfabrik ›Gustloff-Werke‹ [...]. Eine der Brandbomben traf die lagernahe Schreinerwerkstatt der DAW. Das Feuer breitete sich über das Lager aus und griff auf die vertrocknete Eiche über. Die Legende Goethes und der Häftlinge besaß also einen wahren Kern. Von einem anderen, nicht mehr legendären, sondern echten Ereignis aus Goethes Zeit erzählte uns Professor Jan Zygmunt Jakubowski. Vor dem Krieg war er ein von Goethe und Norwid faszinierter Lehrer für Polnisch, im Lager wurde er dann zum Gründer und zur Seele des illegalen Verbandes der Literaturliebhaber, zum Veranstalter von spannenden literarischen Diskussionen, gemeinsamen Lesungen von Gedichten und von Deklamationen von literarischen Schätzen. Er erzählte über Goethe, der beeindruckt von der Anmut eines Sommerabends eines seiner berühmten Gedichte »Über allen Gipfeln ...« schrieb, angeblich an der Wand eines Jagdhauses auf dem Kickelhahn. Ich übersetzte diesen Text ins Tschechische, um die Goethe-Anekdote meinem tschechischen Kollegen, dem Dachdecker Václav Nepomucký zu veranschaulichen. Im Austausch bekam ich seine Geschichten. Darüber schrieb ich auch ein Gedicht auf Polnisch, das eine Übersetzung von Goethe enthielt. Ich schrieb es auf einem Stück Packpapier und stützte mich dabei auf den Fensterrahmen in der Halle der Gustloff-Werke.
Ruhe herrscht über den Gipfeln der Berge, in den Spitzen der Buchen. Ein erholsamer Schlaf senkte sich über die Augenlider der geliebten Charlotte hin ... Es gibt heute keine Ruhe. Es gibt keinen ruhigen Schlaf. Es gibt nur wildes Schreien und die Jammertöne

der Gefolterten. Es gibt Alpträume während eines unterbrochenen Nickerchens auf einer Koje, von drei, vier, fünf zusammengedrängten Menschen auf einer schmalen Pritsche unter einer verflohten Decke. Die Vögel hatten schon längst aufgehört, in unmittelbarer Nähe des Lagers zu singen. Wenn wir nicht retten, was bei uns immer noch in Träumen und Erinnerungen ist, wird alles von einem wahnsinnigen Schrei, von unserem eigenen Stöhnen gedämpft.

(Übersetzung: Grzegorz Kotecki, Zuzanna Maksajda)

Nach dem Krieg: Der Journalist und Publizist

Magdalena Latkowska

Anfang April 1945 gelangte Edmund Polak mit einem der letzten Häftlingstransporte aus Buchenwald in das KZ Dachau. Kurze Zeit später erreichten Einheiten der US-Armee das Lager. Die Befreiung von seinen Peinigern war für Polak vor allem eine nominelle, keine souverän erlebte. Die Amerikaner fanden einen von den Entbehrungen der Lagerhaft und den Deportationen geschwächten Menschen vor, den sie zunächst in dem zum Auffanglager umfunktionierten ›Camp Dachau‹ behielten. Am 16. Juni 1945 heißt es in einem Verlegungsbericht, der »Polish Civil[ian]« Edmund Polak werde mit mehreren anderen mit der Diagnose »Typhus« in ein Krankenhaus verlegt. In seinen Brulions findet sich kein Eintrag aus diesen Wochen.

Auch über die Zeit des Wieder-zu-Kräften-Gelangens wird man aus seinen Angaben nur sporadisch schlau. Im besiegten Deutschland hat er noch fast ein ganzes Jahr verbracht. Mehrfach fallen in seinen kurzbiographischen Auskünften die Namen der Orte Wildflecken und Freimann, dazu nennt er Aufenthalte in, wie er es selbst bezeichnet, »Heimen für Vertriebene«. Immerhin: Recherchen zu Freimann und Wildflecken erlauben eine genauere Identifizierung der Einrichtungen, in denen er untergebracht war.

Freimann ist ein Stadtteil Münchens, an deren Peripherie auch Dachau liegt. Nach der Eroberung des Ortes durch amerikanische Streitkräfte wurde dort die Siedlung Kaltherberg beschlagnahmt und in ein Lager für 2500 *Displaced Persons* umgewandelt. Edmund Polak wurde nach seiner Befreiung zuerst hierhin verbracht.

Wildflecken liegt in Unterfranken, an der Grenze zu Hessen und Thüringen (also nicht allzu weit weg von Buchenwald) in der Mitte des heutigen Staatsgebiets der Bundesrepublik Deutschland. Die Wehrmacht hatte hier seit 1937 ein Ausbildungslager unterhalten, 1945 wurde es von den Deutschen wegen der anrückenden alliierten Verbände aufgegeben und am 7. April von US-Einheiten eingenommen. Diese stellten es, ähnlich wie die Einrichtung in Freimann, umgehend der United Nations Relief Rehabilitation Association (UNRRA) zur Verfügung. In Wildflecken hielten sich zeitweise bis zu 18 000 Polen auf, darunter viele Kriegsgefangene und KZ-Überlebende wie Polak. Es kam sogar zu einer inoffiziellen Umbenennung des deutschen Namens Wildflecken in Durzyn durch polnische Camp-Insassen (nach den Durzynowe, einer polnisch-slawischen Ethnie, die im ersten Jahrtausend in dieser Gegend gesiedelt haben soll). 1951 verließen die letzten *Displaced Persons* das Camp, bis heute existiert in Wildflecken ein Friedhof mit den Gräbern von 544 polnischen Staatsbürgern.

Edmund Polak verlässt die Einrichtung in Wildflecken im Frühjahr 1946, am 15. April kommt er in Warschau an. Bereits einige Tage nach seiner Rückkehr tritt er ein Praktikum bei der Sozialistischen Presseagentur (Socjalistyczna Agencja Prasowa) in der Verlagsgenossenschaft Wiedza (Wissen) an, das in einer Anstellung bei der Tageszeitung Express Wieczorny mündet. In den Archivdokumenten finden sich gleich mehrere tabellarische Zusammenstellungen seiner einzelnen beruflichen Tätigkeiten, manche von ihnen sind mit knappen Kommentaren versehen, andere enthalten Angaben über sein privates Leben. Mit Hilfe dieser Selbstauskünfte versuchen wir, den Werdegang Edmund Polaks in den Jahren nach seiner Befreiung und Repatriierung zu rekonstruieren.

Als jemand, der schon vor dem Kriege ein engagiertes Mitglied der Polnischen Sozialistischen Partei (PPS) war und viele Jahre in deutschen Konzentrationslagern verbracht hat, erfährt er rasch Anerkennung. Polaks Rückkehr und sein beruflicher Wiedereinstieg in Warschau werden von Preisen und Auszeichnungen begleitet. Schon am 9. Mai 1946 erhält er für seine Untergrundtätigkeit die Medaille des Sieges und der Freiheit (Medal Zwycięstwa i Wolności) vom Präsidenten des Nationalrates (Krajowa Rada Narodowa). Denkbar ist, dass diese Auszeichnung Polak bewogen hat, das Biuletyn (Bulletin) des Polnischen Verbandes ehemaliger politischer Häftlinge redaktionell mit zu betreuen. Polaks Engagement hier und später im Verband der Kämpfer für Freiheit und Demokratie (Związek Bojowników o Wolność i Demokrację, kurz ZBoWiD) beruhte auf Gegenseitigkeit, denn sein Mitwirken in beiden organisierten Lagerüberlebenden-Verbänden und die Tatsache, dass er dort bekannt war, konnte bei Nachfragen die haftbedingte Lücke in seinem Lebenslauf erklären. »Auskunft kann Genosse Wacław Wagner geben«, heißt es in den Unterlagen.

Auch im Privatleben entwickeln sich die Dinge gut. Nach der Hochzeit mit Halina Michalak, die während der deutschen Besatzung und der Niederschlagung des Warschauer Aufstands Zwangsarbeit leisten musste, wird am 27. Mai 1947 sein erster Sohn geboren – Krzysztof. Wohnhaft ist die junge Familie im Stadtteil Żoliborz in der Ulica Sarbiewskiego. Aus den erhaltenen Dokumenten erfahren wir zudem Wichtiges (wenngleich im Abgleich mit anderen Quellen manchmal Widersprüchliches) über den Rest seiner Familie.

Da sind zum einen die Geschwister Adam und Janina. Adam Polak war vor dem Krieg Mitarbeiter bei der LOT, der staatlichen polnischen Fluggesellschaft. Sein Schicksal während des Krieges ähnelt zunächst dem von Edmund Polak, 1940 wird er in das KZ Mauthausen und von dort in das Außenlager Gusen deportiert. Anders als Edmund überlebt Adam die KZ-Haft nicht, den Angaben zufolge ist er in Gusen 1942 gestorben. Von Adam Polak wissen wir nur dieses Wenige, es fehlt uns nicht nur das genaue Sterbedatum, sondern auch sein Geburtstag. Dies verhält sich anders bei Janina. Im Warschauer Geburtenregister des Jahres 1914 finden wir in kyrillischer Schrift ihren Namen und das Geburtsdatum (17. Februar). Wie ihr Bruder war sie offenbar künstlerisch interessiert; anders als Edmund und ihre Onkel mütterlicherseits, Ignatz und Władysław Waghalter, zog es sie allerdings nicht in die musischen Sparten oder zur Dichtkunst, sondern auf die Bretter, die die Welt bedeuten. Edmund Polak gibt in einem Personalfragebogen aus dem Jahr 1952 an, dass sich seine ältere Schwester als dramatische Schauspielerin im Staatlichen Theater (Państwowy Teatr Powszechny) in Warschau verdingt habe, daneben war sie Mitglied der PZPR – der Polnischen Vereinigten Arbeiterpartei – und engagierte sich in der Liga der polnischen Frauen (Liga Kobiet Polskich). Ins Auge fällt ihr Familienname Wagnerówa-Pollakówna: Verheiratet war Janina mit demselben »Genossen Wacław Wagner«, den Edmund Polak als Bürgen für seine Zeit in deutscher KZ-Haft benannt hatte.

Einen Blick wert ist auch das Schicksal von Edmund, Janina und Adam Polaks Eltern. Der Vater verstarb im Jahr 1939, und zwar vermutlich vor Beginn der deutschen Besatzung. Edmund Polak gibt als Vornamen mehr-

fach Stanisław an. Recherchen in Registern aus der Zeit in der Onlineressource *Jewish Records Indexing – Poland* führen in der Kombination mit einem zweiten Vornamen (»Salomon«) zu mehreren Einträgen, unter anderem der Anzeige in der Zeitung NASZ PRZEGLĄD über einen Gedenkgottesdienst am 5. Februar 1939 in einer Warschauer Synagoge. Ob Polak Senior tatsächlich jüdischen Glaubens war, können wir mit letzter Bestimmtheit nicht sagen, da in den Verzeichnissen auch andere Personen gleichen Namens auftauchen, die bereits in den 1920er Jahren verstorben waren.
Edmund Polaks Mutter Regina, über deren Herkunft wir dank der Angaben ihres berühmten Komponistenbruders Ignatz Waghalter sowie einer einfachen Kreuzprobe mit einem standesamtlichen Eintrag vom 28. April 1911 (Hochzeit mit »Szlama« (kurz für: Salomon) Polak) mehr und genauer Bescheid wissen, hat den Krieg offensichtlich überlebt. Ihr Sohn gibt 1952 an, dass sie als Rentnerin (emerytka) bei der Polnischen Sozialversicherungsanstalt ZUS gemeldet sei und nennt sie im Übrigen wieder bei ihrem korrekten (Geburts-)Namen, Waghalter. Dies war neun Jahre zuvor ausweislich einer »Häftlings-Personal-Karte« des KZ Buchenwald noch anders, die wir im Archiv des Instytut Pamięci Narodowej (Institut für Nationales Gedenken) gefunden haben. Nach seiner Überstellung aus Auschwitz am 12. März 1943 hatte der als »Polit[ischer] Pole« verhaftete Edmund Polak die Nennung des prominenten jüdischen Familiennamens offenbar tunlichst vermieden und stattdessen »Regina Skarzynska« als Mutter und nächste Angehörige angegeben.
Zurück in die späten 1940er Jahre. Polaks beruflicher Werdegang verläuft bruchlos und glatt. Kurz nach seiner Einstellung beim EXPRESS WIECZORNY übernimmt er eine Redaktionssparte. Auch hier verbindet er seine Tätigkeit mit sozialen Belangen: Neben seiner Tätigkeit als Redakteur des BIULETYN engagiert er sich für den Verband ehemaliger politischer Häftlinge, dazu im Hauptstadtquartier der Pfadfinder (Stołeczna Kwatera Harcerzy) und in der Gesellschaft zum Schutz des Sieges der Republik Polen (Towarzystwo Opieki nad Zwycięstwem RP). Bald nach der Ernennung zum Redakteur besucht Polak ein Jahr lang (1948-1949) einen Fortbildungskurs für Journalisten, den er mit einer sehr guten Note abschließt. Auch Anfang der 1950er Jahre setzt sich sein beruflicher Aufstieg fort: und das, obwohl er der PZPR nicht beitritt, was ab und zu in den Dokumenten penibel betont wird (mit Anmerkungen wie

»parteilos«, »politisch durchschnittlich«). Am 15. April 1950 stellen seine Vorgesetzten für ihn einen Antrag auf Beförderung (Wniosek awansowy) und schlagen seine Neueinstufung von der Gehaltsgruppe II in die Gehaltsgruppe IV vor, was sich sowohl auf die Höhe des Grundgehalts auswirkt als auch auf die Dotierung für den sogenannten Zeilensatz. Im Beförderungsgutachten lesen wir: »Edmund Polak ist einer der effektivsten Reporter. Mehrmals hat er den ersten Platz im Mitarbeiterwettbewerb eingenommen [...]. Er ist der beste Stadtreporter. Er zeichnet sich durch Gewissenhaftigkeit, Pflichtbewusstsein und Arbeitseffektivität aus«. Dem Beförderungsantrag wird am 1. Mai 1950 stattgegeben.

Am 25. Juli 1952 wird sein zweiter Sohn geboren, Andrzej. Die Familie wohnt inzwischen in der Ulica Wołoska. Knapp einen Monat später erhält er eine Auszeichnung des Städtischen Fonds zum Wiederaufbau der Hauptstadt (Spoleczny Fundusz Odbudowy Stolicy).

Und dann kommt es 1954 doch zu einem Bruch in seiner Journalistenkarriere: jedenfalls beinahe. Edmund Polak schreibt einen Artikel über den geplanten Abriss des Schlosses Ujazdów. Südlich der Warschauer Innenstadt gelegen, war das Schloss im Krieg zu großen Teilen zerstört worden und sollte nun auf Befehl von Marschall Kontantin Rokossowski endgültig beseitigt werden, um dort ein Armeetheater zu errichten. Polaks Beitrag im EXPRESS WIECZORNY nimmt zu den Plänen Stellung, und tut das kritisch. Die Reaktion der kommunistischen Machthaber lässt nicht lange auf sich warten. Die Redaktionsleitung der Zeitung und der Arbeiterverlagsgenossenschaft PRASA, in der EXPRESS WIECZORNY erscheint, erlegen ihm am 14. August 1954 eine empfindliche Strafe auf. Um seine Wiedereinstufung in die Gehaltsgruppe, die er vor der Strafe hatte, kämpft er zwei Jahre lang bis zum 27. Dezember 1956. Erst dann entscheidet das Kollegium in seinem Sinn. Edmund Polak wird wieder in die alte, nach mehreren Beförderungen erlangte Gehaltsstufe eingruppiert und verdient 2.000,- Złoty im Monat: ein Umstand, der mit der ›Tauwetter‹-Periode in Polen nach dem Tod Stalins in Verbindung gestanden haben könnte. Überhaupt wendet sich das Blatt wieder zu seinen Gunsten, denn schon im August 1956 beurteilt ihn sein Vorgesetzter in einer Leistungsbewertung (Charakterystyka Służbowa) für einen Antrag auf Verleihung einer Medaille zum zehnjährigen Bestehen der Volksrepublik Polen mehr als wohlwollend: »Polak ist der beste Berichterstatter in

den Stadtteil-Seiten. Er zeichnet sich durch vorbildliche Gewissenhaftigkeit, Pflichtbewusstsein und Arbeitsproduktivität aus«. Im Dezember 1957 wird ihm eine erneute kleine Gehaltserhöhung zugesprochen, was daran gelegen haben mag, dass er um die Begleichung der finanziellen Verluste infolge seiner Gehaltsstufen-Degradierung gebeten hatte.
Seine berufliche Krise ist überwunden, und es kommt auch keine mehr hinzu. Im Gegenteil, im Juni 1959 übernimmt er für den Express Wieczorny die Stelle eines Publizisten, verlässt also die Tagesredaktion und probiert sich in einer weniger zeitdruckintensiven Sparte. Ende der 1950er Jahre und in den 1960er Jahren wird er erneut mit Preisen und Auszeichnungen überhäuft: Am 20. Juni 1960 erhält er die Silberne Medaille für Verdienste um die Industrie, am 9. Mai 1961 die Silberne Auszeichnung der Stadt Warschau (Srebrna Oznaka Honorowa Warszawy), am 1. Juni 1964 die Ehrenauszeichnung des Kreises der Pfadfinderfreunde, am 17. Mai 1964 dann auch die Goldene Auszeichnung der Stadt Warschau und am 25. Mai 1966 das Goldene Verdienstkreuz. Gleichzeitig wird ihm systematisch das Gehalt erhöht: am 1. Juli 1959, am 1. Oktober 1963 und am 1. Januar 1966. Zweimal wechselt er seinen Posten: Am 1. Januar 1964 übernimmt Edmund Polak, rastlos-rasender Reporter, der er ist, wieder die Stelle des Redakteurs der Zeitungssparte und ab dem 2. Mai 1967 wird er Leiter der Lokalredaktion mit einem Monatsgehalt von 3.100,– Złoty.
Zur selben Zeit entsteht der Zyklus seiner Reportagen über Basia, die er in *Kim jesteś, Basiu?* als Buch zusammenfasst. Es hat ganz den Anschein, als ob die zweite Hälfte der 1960er Jahre der Höhepunkt von Edmund Polaks journalistischem Schaffen ist. Darüber vernachlässigt er allerdings nicht sein soziales Engagement – im Gegenteil. Zu den zahlreichen bisherigen Mitgliedschaften gesellen sich die im Tierschutzverband (Towarzystwo Opieki nad Zwierzętami) und einer Naturschutzgruppe (Grupa Ochrony Przyrody). Auch in der Gesellschaft für polnisch-sowjetische Freundschaft ist der – soweit wir es haben recherchieren können – nach wie vor Parteilose Mitglied. Berufsbedingt ist er darüber hinaus im Verband Polnischer Journalisten organisiert und gehört dem Verband der Bühnenautoren und -komponisten (ZAiKS, für Związek Autorów i Kompozytorów Scenicznych) an. Wohnhaft sind er und seine Familie nun in der Ulica Kaniowska, einer gediegenen Wohngegend in Stary Żoliborz unweit der Weichsel.

Abb. 6:
Edmund Polak 1946, 1957 und 1975

Die 1970er Jahre schreiben den journalistischen und publizistischen Erfolgsweg Polaks fort, dessen Karriere sich langsam dem Ende nähert. Am 1. Januar 1971 und 1. Februar 1976 wird sein Salär nach erneuten Stellen- und Positionswechseln innerhalb seiner Zeitung nochmals erhöht, ehe er am 10. Juni 1976 aus Anlass seiner Pensionierung eine Geldprämie in Höhe von 4.000,- Złoty erhält. Fünf Jahre zuvor bereits, am 9. April 1971, hatten seine Vorgesetzten den Antrag auf Verleihung des Ordens Polonia Restituta gestellt: damals die zweithöchste zivile Auszeichnung nach dem Orden Erbauer Volkspolens. In der Begründung des Antrags (Wniosek o nadanie orderu – odznaczenia) lesen wir:

> Er arbeitet seit nunmehr 25 Jahren beim Express Wieczorny – seit den ersten Tagen der Gründung der Zeitung. Seine hingebungsvolle Arbeit als Stadtreporter war in diesen langen Jahren für die Zeitung äußerst wertvoll. Als Initiator gehen viele soziale Initiativen und Aktionen auf sein Konto, deren Ergebnisse und Effekte Warschau und seinen Einwohnern viel Nutzen gebracht haben. Als ehemaliger Häftling des Konzentrationslagers in Auschwitz ist er aktives Mitglied des ZBoWiD und hat sich große Verdienste bei der Suche nach Familienmitgliedern von ehemaligen KZ-Häftlingen erworben, die während des Krieges getrennt wurden und die er durch Aufrufe in seiner Zeitung wieder zusammenführen konnte. Er ist zudem ein langjähriger engagierter Aktivist der Gewerkschaften, der sich mit viel Energie in verschiedenen Bereichen der sozialen Arbeit engagiert.

Genauer hingeschaut: Edmund Polak, der Autor von Liedtexten

Bruno Arich-Gerz

Als Edmund Polak 1969 in einer der zahlreichen Selbstauskünfte, die er Zeit seines Lebens zu unterschiedlichen Anlässen verfasste, seine Mitgliedschaft im Verband der Bühnenautoren und -komponisten (ZAiKS) erwähnt, geschieht dies vor dem Hintergrund eines spektakulären Erfolgs, den er kurze Zeit vorher als Autor von Liedtexten verbucht hatte. Bereits in Buchenwald war er in Erscheinung getreten als Verfasser lyrischer Texte, die ein musikalisch begabter Mithäftling als Komponist zu Musikstücken ergänzte. An diese Form künstlerischen Schaffens, das im Übrigen bereits bei seinem Onkel, dem Komponisten Ignatz Waghalter, in hohem Ansehen gestanden hatte, knüpfte Polak nach dem Krieg an. 1952 erscheint in einem Krakauer Musikalienverlag Polaks Text zu »Zakochany wiatr« (Der verliebte Wind), einem Walzerlied für Stimme und Klavier. Weitere Liedtexte folgen und werden unter anderem in der Biblioteka Orkiestr Tanecznych (ebenfalls Krakau) veröffentlicht, so etwa erneut ein Walzerlied, »Coś w tym jednak jest« (Doch steckt etwas dahinter, Musik: Zygmunt Wiehler) über einen verliebten Jüngling, der im Regen unter dem Fenster seiner Angebeteten steht und sie anschmachtet (»ciągle gna mnie coś pod twe okna, choć zamknięte dla mnie stale są«). Die Gegenperspektive zum Romeo im Regen probiert Polak in seinem Text zum Foxtrottlied »Idealny chłopiec« (Der perfekte junge Mann) aus, der einer namenlosen Julia imponiert durch seine Beharrlichkeit und die viele Zeit, die er unter ihrem Fenster verbringt (»pod oknami mymi spędza wolny czas«).

Diese beiden Liedtexte stammen aus dem Jahr 1959. Sie werden Edmund Polaks Ruf in der zeitgenössischen polnischen Komponisten- und Bühnenautorenszene nicht geschadet haben – ganz im Gegenteil. Denn Mitte der 1960er Jahre macht ein anderer Text Polaks landesweit Furore.

»Chica Helka« lautet der Titel eines Chansons über den tragischen, weil tödlich endenden Konflikt eines ›leichten Mädchens‹ in einer Hafenbar in Buenos Aires mit einem jungen Kerl, der sie begehrt, aber von Helka abserviert wird.

Den anzüglichen Liedtext, der mit einigen exotismus-steigernden Spitznamen und Kraftausdrücken aus dem Spanischen aufwartet (»Lecz, por Dios, z Johnem nie« – por Dios: bei Gott), schreibt Polak für das polnische Fernsehen. Dort hatte man sich entschlossen, aus den Kurzgeschichtensammlungen von Jerzy Szaniawski, in deren Mittelpunkt ein schrullig-plappernder Professor stand, eine ebenso unterhaltsame Adaption für das polnische TV-Publikum zu machen: den *Klub Profesora Tutki*. Unter der Regie von Andrzej Kodratiuk entstanden bis 1968 vierzehn Kurzepisoden für Telewizja Polska (TVP), deren längste gerade einmal 19 Minuten dauerte. Polaks Chansontext kam gleich in der zweiten Folge der Sendereihe unter, die 1966 in Schwarz-Weiß über den Äther ging: passenderweise in einer Folge mit dem Titel »Professor Tutka als Journalist« (Profesor Tutka był dziennikarzem).

Nicht nur die Prominenz des Autors Szaniawski und seiner Vorlage, in der Tutka mit Juristen, einem Arzt und anderen angesehen Cafébesuchern über Gott und die Welt (und Ziegen) diskutiert und disputiert, machen Polaks Liedtext zu einer Besonderheit innerhalb seines Textschaffens. Auch zwei andere am Zustandekommen von »Chica Helka« Beteiligte sind ausgesprochen namhaft.

Zbigniew Ciechan, der den Songtext mit milieutypischer Ziehharmonikamusik und ein paar Takten Tango unterlegt, arbeitete unter anderem für das polnische Radio und war von 1961 bis zur Entstehungszeit von »Chica Helka« Musikdirektor des Warschauer Studentenkabaretts Stodoła. Daneben unterrichtete er an Musikakademien in der Hauptstadt und in Kielce – genügend Gelegenheiten also, Edmund Polak kennenzulernen. Noch 2006 und also lange nach seinem Schaffen in der Volksrepublik Polen wurde der 1929 geborene Ciechan in Kielce für sein unterhaltungsmusikalisches Werk ausgezeichnet.

Vor Auszeichnungen, Preisen und vor allem ansehnlichen Gagen nicht retten konnte sich Zeit ihres Lebens auch eine andere an der Umsetzung von »Chica Helka« Beteiligte: die Chansonsängerin Violetta Villas. Die damals knapp dreißigjährige Villas, bürgerlich Czesława Maria Cieślak, passte mit der außergewöhnlichen Breite und Vielfalt ihrer Stimme ideal zum mal verrucht hauchenden, mal keck auffordernden Charakter des Liedes. Villas galt längst als Stimme des Atomzeitalters (so eine französische Zeitschrift) und insbesondere in Polen als Sexidol, als sie »Chica Helka« vor der Studiokamera einsang und gleichzeitig verkörperte: dabei war es ihr erster Auftritt als Schauspielerin vor einem polnischen Fernsehpublikum. Villas, der Weltstar mit polnischem Wohnsitz, der in Paris und den USA auf der Bühne stand und sich mit Größen wie Frank Sinatra, Charles Aznavour, Sammy Davis oder Barbra Streisand Duette lieferte, genoss wie Ciechan und auch Polak offenbar das Vertrauen der für das offizielle Kulturleben zuständigen Behörden und kommunistischen Kunstkommissare. Dies schien sich auch nach einer zweijährigen Polen-Abstinenz nicht geändert zu haben, die die Villas in den USA zu zahlreichen Bühnenauftritten in Las Vegas, New York oder Chicago und vor allem zu einem Imagewechsel hin zum kitschig-bombastischen Superweib nutzte. Das neue Image pflegte sie bis zu ihrem Tod 2011: bisweilen angefeindet und zuletzt bemitleidet für einen Werde- und Niedergang, der dem des späten Elvis Presley in Sachen Prunk- und Tablettensucht wenig nachstand.

Auch Gerüchte über eine Tätigkeit beim Służba Bezpieczeństwa, dem polnischen Geheimdienst, verfolgten die Villas in ihren letzten Jahren. Eine schnittige Chica Helka, die genau wusste, wie man mit den Mächtigen und Männern dieser Welt umzugehen hat, bis sie auf den roten John (rojo John) trifft und ins Verderben stürzt: Das war Violetta Villas für ihre Kritiker aus dem demokratischen Polen.

Edmund Polaks Liedtext besaß, rückblickend betrachtet, also durchaus prophetische Qualität.

Nachgelesen bei Edmund Polak

»Chica Helka«

Jeder Matrose kennt die Geschichte,
jeder Vagabund von fern und nah,
wie elend Rojo* John ward' gerichtet,
wie er starb in der ‚Walfischbar'.

Rojo John war ein Heißsporn und eine Legende,
wie es sie schon lang nicht mehr gibt.
Mit dem Messer machte ihm Chica* Helka ein Ende:
In die Brust stach sie den, den sie liebt.

Chica Helka, die Polaca*,
von der ganz Buenos Aires spricht:
Mit jedem Kerl ging sie, einfach weil sie so drauf war.
Nur – por Dios* – mit John ging sie nicht.

Vor Eifersucht rasend, fing John an zu kochen,
doch rührte dieser Kraftprotz von Mann,
der so vielen schon hatte gebrochen die Knochen,
die Helka nicht ein einziges Mal an.

Chica Helka, die Polaca,
von der ganz Buenos Aires spricht:
Mit jedem Kerl ging sie, einfach weil sie so drauf war.
Nur – por Dios – mit John ging sie nicht.

Eine Brosche an der Bluse, direkt unterm Kragen
trug die Helka, drin ein Foto versteckt.
Einen Nebenbuhler konnte John nicht ertragen,
und er riss ihr die Goldbrosche weg.

Ihre Antwort war ein stählerner Schlag:
Durch den Messerhieb starb Rojo John.
Jemand fand, was in seiner kalten Hand lag,
andere führten die Helka davon.

In der Brosche war ein Bild
und aus diesem Bild schaute John.
Niemand verstand, warum hat sie ihn gekillt?
Gerade ihn, was hat sie nun davon?

Denn sie liebte ihn doch, Helka hatte ihn lieb,
und das nicht zuletzt für sein Geld.
Warum aber dann dieser tödliche Hieb?
Für ihn war sie doch die ganze Welt.

In der Brosche war ein Bild
und aus diesem Bild schaute John.
Keiner konnte verstehen,
warum musste er gehen?

Niemand konnte verstehen,
warum musste John gehen?

[*Rojo*: rot, blutig; *Chica*: das Mädchen; *Polaca*: Polin; *por Dios*: bei Gott]

*(Übersetzung: Giannina Maaß, Peter Murawski,
Bruno Arich-Gerz)*

Die letzten Jahre

Bruno Arich-Gerz

Am 1. Juli 1976 geht Edmund Polak in Rente. Sein ungewöhnlich früher Austritt aus dem aktiven Berufsleben – er ist erst 61 Jahre alt – wird versüßt durch eine Sondergratifikation in Höhe von 4.000 Złoty, die ihm die Verlagsgenossenschaft PRASA-KSIĄŻKA-RUCH gewährt. Von Ruhestand allerdings kann bei ihm, dem umtriebigen Vollblutjournalisten und Vieltextschreiber, keine Rede sein.

Bereits vor der Pensionierung hatte er ein weiteres Projekt aus der Rubrik ›Aufarbeitung nationalsozialistischer Konzentrationslagervergangenheiten‹ begonnen. Nach der Geschichte der Basia und der zum Buch geronnenen Verarbeitung der eigenen Vergangenheit als KZ-Häftling (*Morituri*) widmete er sich zunächst der detailgenauen Schilderung jedes einzelnen Tages im Lagerkosmos Buchenwald, die postum als *Dziennik buchenwaldzki* erschienen ist. Geplant war außerdem ein Anschlussvorhaben zu seiner Buchenwald-Arbeit, das mit demselben Anspruch einer taggenauen Darstellung die Tage des Konzentrationslagers Dora verzeichnen sollte.

Über das im Spätsommer 1943 als Außenlager von Buchenwald gegründete KZ Dora hatte sich Polak schon vorher ausgelassen. Neben dem Papierkunstwerk »Tunnel« aus seiner Zeit als Buchenwaldhäftling finden sich sporadische journalistische Annäherungen wie der Artikel »Tajemnice Dory« im Express Wieczorny vom 17. Januar 1966. Nun, mit Anfang Sechzig, geht er Dora erneut an: systematisch und, so lässt sich vermuten, mit derselben Akribie wie beim *Dziennik buchenwaldzki*. Als erfahrener Publizist wusste er Bescheid über den Vorlauf, den ein Buch von der Idee bis zum Manuskript und danach zum gedruckten Werk benötigt. Entsprechend frühzeitig, und das heißt hier: noch vor seiner Pensionierung nahm er Kontakt mit Personen und Institutionen auf, die seinem Dora-Buch den erforderlichen Schub verpassen und die nötige

Aufmerksamkeit sichern konnten. Ein Ansprechpartner war Kurt Pelny, der Direktor der Mahn- und Gedenkstätte Mittelbau-Dora.

»Geehrter Genosse!«, beginnt sein Brief vom 10. November 1975, »[i]ch möchte Ihnen mitteilen, dass ich [...] das [›]Tagebuch von Dora‹ in polnischer Sprache fast zu Ende bearbeitet [habe]«. Am Ende schränkt er ein: »ich bin noch nicht mit irgendwelchem Verlag verbunden«. Dies scheint sich zuallererst auf die polnische Originalfassung zu beziehen, doch deckt Polak seine Karten nicht ganz auf. Im Gegenteil, er stellt es dem Adressaten seines Briefes anheim zu entscheiden, was sich aus seiner so gut wie fertigen Chronik machen lässt. »Meine Sprachenkenntnisse sind beschränkt, was Sie aus diesem Briefe sehen. Bitte also mich benachrichtigen zu wollen, ob Sie sich überhaupt mit meinem Tagebuch von Dora interessieren und ob Sie das Material benützen wollen, oder [ob Sie] beabsichtigen, eine Broschüre drucken zu lassen«. Vielleicht, fügt er an, habe ja auch die Verwaltung der Stadt Nordhausen Interesse an einer Publikation über die Geschichte des Lagers Dora.

Das Gesuch Polaks an Pelny bildet den Auftakt einer Korrespondenz, die unter der Signatur G DDR 1a/Bd. 11 im Archiv der heutigen KZ-Gedenkstätte Mittelbau-Dora zu finden ist. Hinterlegt sind dort die schreibmaschinenverfassten Briefe Pelnys als Kohlepapierdurchschlag, während die Dokumente Polaks – ein ausführlicher Lebenslauf und Briefe, einige davon ganz oder teilweise in Handschrift gehalten – als Originale erhalten sind. Mit dieser Korrespondenz lassen sich die letzten Jahre und Monate im Leben Edmund Polaks zwar nicht exakt rekonstruieren, aber doch seine letzte Schaffensphase als Laienhistoriker skizzieren. Dabei zeigt sich, wie der Kontakt des polnischen Lagerüberlebenden mit dem DDR-Genossen zunehmend intensiver und am Ende geradezu freundschaftlich wurde.

Was das Archiv der Gedenkstätte bedauerlicherweise nicht enthält und was damit als verschollen gelten muss, sind die Aufzeichnungen der Dora-Chronik. Auch unter den nachgelassenen Dokumenten im Besitz von Andrzej und Krzysztof Polak sind sie nicht zu finden. Über das zusammengetragene Material, den Stand seiner Sichtung und Zurichtung für die geplante Publikation lassen sich nur solche Rückschlüsse anstellen, die auf Polaks letzten Briefen an Pelny basieren. »Erst gestern habe ich alle Materialien für mein neues Buch so weit fertiggebracht, dass ich

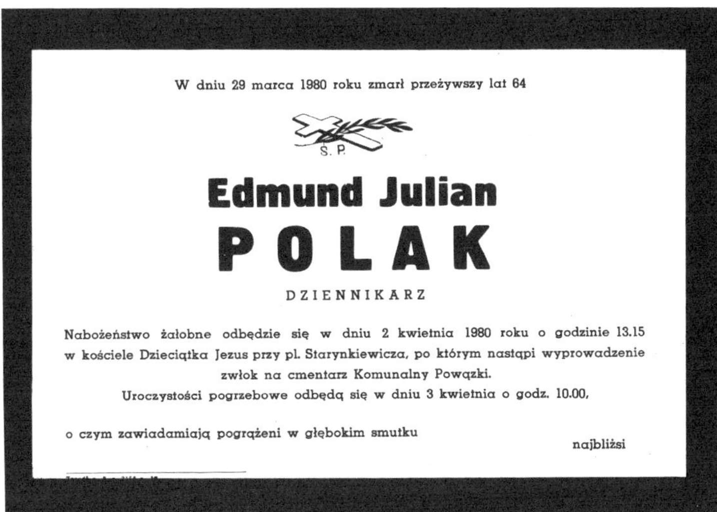
W dniu 29 marca 1980 roku zmarł przeżywszy lat 64

Ś. P.

Edmund Julian

POLAK

DZIENNIKARZ

Nabożeństwo żałobne odbędzie się w dniu 2 kwietnia 1980 roku o godzinie 13.15 w kościele Dzieciątka Jezus przy pl. Starynkiewicza, po którym nastąpi wyprowadzenie zwłok na cmentarz Komunalny Powązki.
Uroczystości pogrzebowe odbędą się w dniu 3 kwietnia o godz. 10.00,

o czym zawiadamiają pogrążeni w głębokim smutku

najbliżsi

Abb. 7: Todesanzeige

kann jetzt nur schreiben«, heißt es im letzten erhaltenen Schreiben Edmund Polaks an den »liebe[n] Kurt« in der der Mahn- und Gedenkstätte in Nordhausen, datiert vom 20. Februar 1980. »Eine Kopie wirst Du sicher bekommen, aber es muss noch einige Monate dauern, weil das Dora-Buch wird sehr ausführlich, 250-300 Seiten der Maschinenschrift«. Die Frist für die Niederschrift, die Polak sich ausbittet, übersteigt schließlich die Zeit, die das Leben ihm noch einräumte. Am 29. März 1980 stirbt Edmund Polak im Alter von 64 Jahren.

Nachgelesen bei Edmund Polak und Kurt Pelny

Korrespondenz 1975–1980 (Auswahl)

[handschriftlich:] Warszawa d. 10.11.1975
[Eingangsstempel Mahn- u. Gedenkstätte »Dora«
Eing. 18. Nov 1975]

[maschinenschriftlich:]

Geehrter Genosse!

Ich möchte Ihnen mitteilen, dass ich das Thema »Das Tagebuch vom KZ Dora« in polnischer Sprache fast zu Ende bearbeitet habe. Es handelt sich nur um die Geschehnisse mit festem Datum, diese betreffen: Anordnungen, Befehle, Arbeit, Statistik, Häftlingswesen, Widerstand, Kultur und auch Prozesse, auf Grund der Publikationen, Bücher, Dokumentensammlungen und (selten) Erinnerungen, wenn es sicher ist, dass sie wahr sind. [...]
Im Lager »Dora« war ich nicht während des Krieges, nur in Auschwitz, und seit 13.3.1943 bis 9.11.1945 [sic] in Buchenwald (Häftlingsnummer 10918), und dann gelangte ich für die letzten 2 Tage nach Dachau.
Ich bin Autor zweier Bücher: »Morituri« – Erinnerungen von Auschwitz und Buchenwald /1968, total ausverkauft/ und »Kim jesteś, Basiu? /Wer bist du, Bärbel?« /auch fast total ausverkauft/1974/. Und was Sie wahrscheinlich interessiert, ich bin Autor des Gedichts »Tunnel«. Es betrifft »Dora«, wurde aber in Buchenwald geschrieben. Ich weiß nicht, warum in deutschen Publikationen stand, dass der Autor unbekannt sei. Alle Polen und vor allem Kollege Wacław Czarnecki wussten es. [Czarnecki war wie Polak Häftling in Buchenwald, wo er 1944 in das Provisorische polnische Verständigungskomitee kooptiert wurde und damit Teil der von deutschen politischen Häftlingen dominierten Lagerselbstverwaltung war. Nach seiner Befreiung und der Rückkehr nach Polen arbeitete er als Publizist. Gemeinsam mit Zygmunt Zonik verfasste er 1969 *Walczący Obóz Buchenwald* (Kampflager Buchenwald)]. Ich habe selbst die Harmonika-Ma-

lerei mit Text als Geschenk für Kamerad Śniegucki aus der Buchenwalder Arbeitsstatistik gemacht. Auf der Titelseite stehen mein Monogramm und das Datum. Das interessanteste aber ist, dass das Papier, auf welchem ich es gemalt habe, vom Buchenwalder Baubüro stammt. Ich benutzte die Rückseite von der Grundrisszeichnung des Buchenwalder Häftlings ... sonderbaus [gemeint ist das Lagerbordell]! Ich bitte also, wenn Sie nochmals über dieses Gedicht etwas veröffentlichen, meinen Namen nicht zu vergessen. [...]
Was aber das »Tagebuch von Dora« betrifft ich bin noch nicht mit irgendwelchem Verlag verbunden. Meine Sprachkenntnisse sind beschränkt, was Sie aus diesem Briefe sehen. Bitte mich also benachrichtigen zu wollen, ob Sie sich überhaupt für mein Tagebuch von Dora interessieren und ob Sie das Material benutzen wollen oder beabsichtigen, eine Broschüre drucken zu lassen. Vielleicht [möchte auch] die Verwaltung der Stadt Nordhausen eine solche Publikation, die die Geschichte des Lagers Dora betrifft, herausgeben [...]?

Ich übersende Ihnen meine herzlichsten Grüße
Hochachtungsvoll
[handschriftlich:] Edmund Polak
(im Lager »Pollak«)

[maschinenschriftlich:]
Genosse
Edmund P o l a k

01 -529 Warschau/Polen
Ul. Kaniowska 22

28.02.1977

Lieber Genosse Edmund Polak!

Für die an uns übermittelten Grüße und Wünsche sagen wir unseren herzlichsten Dank. Wir freuen uns, daß nun nach so geraumer Zeit doch endlich eine Verständigung möglich wurde.

Aus dem Brief geht hervor, daß Du über interessante Materialien und Dokumente zur Geschichte Mittelbau-Dora verfügst, woran wir sehr interessiert sind.
Um uns über die Möglichkeit zur Anfertigung von Fotokopien bzw. der Zusammenstellung der Materialien (als Quellen) oder auch zur Übergabe gemeinsam verständigen zu können, begrüße ich Deinen Vorschlag, uns in Warschau zu treffen.
Ich wäre darum sehr dankbar, wenn Du mitteilen könntest, wann und zu welchem Zeitpunkt mein Besuch angenehm wäre.
Wünsche viel Erfolg, persönliches Wohlergehen und baldige Antwort.

In Freundschaft
[handschr. Unterschrift]

Kurt Pelny
Direktor der Gedenkstätte

[handschriftlich:] Warszawa, d. 2. 4. 1978

Lieber Kurt!

Also am 12. d[ieses] M[onats] sind wir (36 Kolleginnen und Kollegen) in Nordhausen. [Anlass der Reise ist offenbar die Feier anlässlich des 33. Jahrestags der Befreiung der Lager Buchenwald und Dora]. Um 7 Uhr früh fahren wir von Weimar ab. Unterwegs kurze Besichtigung Erfurts und gegen 11.30 Uhr melden wir uns im Museum Dora, wo wir Dich treffen werden. Nur 2 Stunden bleiben uns für die Exposition [Ausstellung]. Wenn es möglich ist, möchten wir auch den Tunneleingang sehen. Vor dem Denkmal [gemeint ist vermutlich das 1974 errichtete Denkmal der Nationen seitlich vom ehemaligen Appellplatz] – ein Blumenstrauß. Abendessen um 20 Uhr schon in Magdeburg. Ich grüße Dich und die Deinen! Zum baldigen Wiedersehen

Edmund

[maschinenschriftlich:] Warszawa, d. 25. September 1979

Lieber Kurt!

[Eingangsstempel
Mahn- u. Gedenkstätte »Dora«
3.10.79]

Ich bin mit meinem »Buchenwalder Tagebuch« fix und fertig – etwa 520 Normseiten in Maschinenschrift /30 Zeilen je 65 Zeichen in der Zeile /. Jetzt ich warte auf den Druck, Ende nächsten Jahres oder Anfang 1981. Jetzt kommt das »Dora«-Tagebuch an die Reihe. Ich beabsichtige auch die Dokumente kennen zu lernen, die sich bei Dir in der Gedenkstätte befinden. Benachrichtige mich, bitte, über damit verbundene Kosten: Hotel / billigstes Zimmer / oder Privatunterkunft für etwa 10 Tage, billige Verpflegung, Anfahrt usw. Zuerst möchte ich wissen, wie viele, ungefähr, Dokumente sind einzusehen / ohne diese, die Du aus Polen gekriegt hast /? Ich muss doch entweder Kopien oder Abschriften machen, ohne zu übersetzen an der Stelle. Die Übersetzungen werde ich zu Hause machen. Die Hälfte des Materials habe ich schon bereit gemacht.
Doch am meisten interessiert mich, ob der Rat der Stadt Nordhausen und die hochgeachtete Direktion der Gedenkstätte »Dora«-Mittelbau interessiert ist an meiner Arbeit und es vielleicht möglich ist, sie in der DDR vor- oder nachdrucken zu lassen? Selbstverständlich aus meinen Schreiben [= vom Manuskript] in richtiges Deutsch übersetzt. Ich möchte davon im Voraus benachrichtigt werden, damit ich die Originaldokumente buchstäblich zitiere in der authentischen Sprache der Zeit, wie zum Beispiel die Kommandanturbefehle, RSHA oder WVHA [Reichssicherheitshauptamt bzw. Wirtschafts- und Verwaltungshauptamt], Verordnungen usw.
Was das »Dora«-Tagebuch betrifft? Außer den genannten Verordnungen und Befehle [enthält es]: Häftlingstransporte, Gründung der Außenlager, Mordtaten, Statistik, innere Lagerverordnungen und vor allem Häftlingswesen, Widerstand, Kultur, Sabotage, das Problem der Jugend im Lager, Evakuation und die Bestrafung

oder nicht der Mörder, bis zum heutigen Tag. Wenn nötig, kann ich Dir den genauen Konspekt [das Inhaltsverzeichnis] senden.
So oder so werde ich im April 1980 nach Buchenwald fahren, leider nicht nach Nordhausen. [...]
Was gibt es Neues bei Dir zu Hause? Vergesse nicht, Deine Frau und meine Bekannten, und vor allem Monika, herzlichst zu grüßen.
Ich warte ungeduldig auf Deine Antwort. Ich hoffe auch in die DDR delegiert zu werden und nicht persönlich die Kosten der Fahrt leisten [zu müssen], aber es ist noch nicht sicher.

Nochmals die innigstherzlichen Grüße von

[handschriftlich:] Edmund Polak
[maschinenschriftlich:] mit Frau

[maschinenschriftlich:] Warszawa, d. 20. Februar 1980.–

Lieber Kurt!

Ich danke Dir für Deinen netten Brief und für die Nachricht, dass Du, wahrscheinlich auch mit Monika, nach Warszawa kommen wirst. Bis Ende Mai bleibe ich zu Hause, auch nach Buchenwald werde ich nicht im April fahren, da ich nicht eingeladen bin und die Ausflugstour, die meine Buchenwalder Kollegen aus Polen beabsichtigen, schon einige Male gemacht habe. Ich habe doch viel zu Hause zu tun.
Erst gestern habe ich alle Materialien für mein neues Buch so weit fertiggebracht, dass ich kann jetzt nur schreiben. Eine Kopie wirst Du sicher bekommen, aber es wird noch einige Monate dauern, weil das Dora-Buch wird sehr ausführlich, 250–300 Seiten der Maschinenschrift. Für Dich und Deine Zwecke stehe ich stets zur Verfügung.
Die einzige Schwierigkeit kommt davon, dass bei mir zu Hause jetzt meine Frau Stiefmutter [Schwiegermutter?] mit ihrer Schwester wohnen, weil ihre Wohnung in Wrocław umgebaut wird. Wie lange sie bei uns bleiben, weiß ich jetzt noch nicht und es passt

nicht, nachzufragen. Und ich möchte Dich und Monika in meinem Häuschen haben. Ich hoffe, dass wenn es etwas wärmer wird, unsere lieben Zwangsgäste nach Wrocław abfahren und unser Gastzimmer für Euch offen wird, ich glaube schon im März. [...]
Schreibe mir also, bitte, ob Du meine schweren Tage zu Hause abwarten oder im Hotel wohnen wirst? Vorher aber schreibe an Doktor Pilichowski [gemeint ist vermutlich Julian Pilichowski (1923–2009), Soldat des Warschauers Aufstands und wie Polak Häftling in nationalsozialistischen Lagern, später Architekt und Dozent, der nach dem Krieg zahlreiche Auszeichnungen erhielt] oder an Frau Bukowska um Erlaubnis, das Archiv zu besuchen. Ich selbst mache es jedes Mal. Jede Genehmigung gilt nur für ein Thema.
Was meine Frage und Deine Antwort betrifft, Du hast mich falsch verstanden wegen meiner undeutlichen Handschrift. Ich habe gefragt nicht nach »Anger-Kommando«, weil ich weiß, dass diese Firma in Dokumenten als »Anger-Nie« geführt ist /Anger und Söhne, Niederschaftswerfen [Niedersachswerfen in unmittelbarer Nähe des Hauptlagers Dora]/, sondern nach »AUSSEN-KOMMANDO 55«. Nr. 55 soll also ein Deckname bedeuten oder die Nummer des Außenkommandos von Dora [bezeichnen], das während des Arbeitstages irgendwo im Außen gearbeitet hatte, kann sein, dass in Nordhausen.

Bitte von mir Deine Frau und Kinder recht herzlich zu grüßen, und auch das Kollektiv der Mahn und Gedenkstätte [...]

[handschriftlich:] Dein Edmund Polak

[maschinenschriftlich:] 2. Mai 1980

Sehr geehrte Frau Polak!

Wir bitten um Entschuldigung, wenn unsere zum Trost gedachten Worte erst heute eintreffen.
Aber leider erhielten wir aufgrund der geführten Telefonate erst verspätet Nachricht über den allzu frühen Tod unseres hochverehrten Freundes Edmund Polak.

Sehr geehrte Frau Polak, nehmen Sie bitte auch für die Familienangehörigen das herzlichste und tiefempfundene Beileid unseres Kollektivs zu dem ausgesprochen frühen Ableben unseres hochgeschätzten und verehrten Freundes und Ihres liebevollen Ehepartners entgegen.
Wir erinnern uns stets der Zusammenkünfte mit unserem Freund, die immer sehr interessant, lebendig und lehrreich und vom tiefen Inhalt unserer Freundschaft getragen waren. Unser Freund Edmund Polak gab uns viele Impulse für unsere Arbeit und wir bedauern aus tiefstem Herzen, daß er nicht mehr unter uns weilt.
Um sein Angedenken stets in Ehren zu bewahren, haben wir aus Anlaß des 35. Jahrestages der Befreiung vom Faschismus eine Ausstellung »Kunst hinter Stacheldraht« gestaltet, wo in einer Vitrine mit besonderer Gestaltung die Verse und die Darstellung »Der Tunnel« einen besonderen Platz erhielten.

Wir drücken nochmals unsere ganze und tiefe Anteilnahme und bitten, das auch allen Familienangehörigen, Freunden, Kameraden und Genossen zu übermitteln.

Wir verbleiben in weiterer herzlicher Freundschaft

Ihr

[handschriftliche Unterschrift]

(Kurt Pelny)

Direktor der Gedenkstätte

Literaturverzeichnis

Monografien von Edmund Polak

Tajemnice Alfabetu Morse'a. Warszawa 1939.
Morituri. Warszawa 1968.
Kim jesteś, Basiu? Kraków 1974.
Dziennik buchenwaldzki. Warszawa 1983.

Archivmaterial

Archiwum Akt Nowych w Warszawie
Zespół Archiwalny Nr. 1827 Robotnicza Spółdzielnia Wydawnicza PRASA-KSIĄŻKA-RUCH. Zarząd Główny w Warszawie.
Wörtlich zitiert wurde aus:
23. April 1949: »Życiorysy«.
15. April 1950: »Wniosek awansowy«.
2. August 1956: »Charakterystyka Służbowa«.
9. April 1971: »Wniosek o nadanie orderu – odznaczenia«.

Archiv des Muzeum Więzienia Pawiak
Undatiert (vermutlich 1946/47, maschinenschriftlich, 3 Seiten, ohne Signatur): »Nota biograficzna Edmunda Polaka«.

Archiwum Instytutu Pamięci Narodowej
»Häftlings-Personal-Karte. Häftl.-Nr. 10.918. Fam.-Name Pollak«, Dokument-Nummer 6850823#1.

Archiv der KZ-Gedenkstätte Mittelbau-Dora
»Briefwechsel Edmund Polak – Kurt Pelny 10.11.1975 – 2. Mai 1980«. *KZ-Gedenkstätte Mittelbau-Dora*, Signatur GDDR 1a, Bd. 11.

Sonstige Quellen und weiterführende Literatur

Apitz, Bruno: *Nackt unter Wölfen*. Halle (Saale) 1958.
Błażejewski, Wacław: *Z dziejów harcerstwa polskiego (1910–1939)*. Warszawa 1985.
Bogacka, Marta. *Bokser z Auschwitz. Losy Tadeusza Pietrzykowskiego*. Warszawa 2012.

Czech, Danuta: *Kalendarium der Ereignisse im Konzentrationslager Auschwitz-Birkenau 1939-1945*. Reinbek 1989.
Cieślak, Joanna; Molenda, Antoni: *Tadeusz Pietrzykowski »Teddy« 1917–1991*. Oświęcim 1995.
Czarnecki, Wacław; Zonik, Zygmunt: *Walczący Obóz Buchenwald*. Warszawa 1969.
Hochmuth, Peter: *Der illegale Widerstand der Häftlinge des KZ Mittelbau-Dora*. Schkeuditz 2000.
Kirsten, Holm; Kirsten, Wulf (Hrsg.): *Stimmen aus Buchenwald. Ein Lesebuch*. Göttingen 2002.
Kodratiuk, Andzej (Reg.): »Profesor Tutka był dziennikarzem« [= *Klub Profesora Tutki*, Folge 2]. Warszawa 1966.
Lam, Andrzej: Jan Zygmunt Jakubowksi (23 czerwca 1909 – 11 października 1975). In: PAMIĘTNIK LITERACKI 67/2 (1976), S. 387–391.
Mächler, Stefan: *Der Fall Wilkomirski. Über die Wahrheit einer Biographie*. Zürich 2000.
Mirbach, Willy: *Damit du es später deinem Sohn einmal erzählen kannst. Der autobiographische Bericht eines Luftwaffensoldaten aus dem KZ Mittelbau*. Geldern 1997.
NASZ PRZEGLĄD WARSZAWA vom 20.1.1939 (»Zarząd Towarzystwa ›Dom Starców‹«), S. 14.
Pahor, Boris: *Nekropolis*. [1967] Berlin 2001.
Pankowski, Marian: *Z Auszwicu do Belsen*. Warszawa 2000.
Pankowski, Marian: *W stronę miłości*. Warszawa 2001.
Polak, Edmund (mit Zygmunt Wiehler): »Coś w tym jednak jest«. In: BIBLIOTEKA ORKIESTR TANECZNYCH 117. Kraków 1959, o. S.
Polak, Edmund (mit Jerzy Abratowski): »Idealny chłopiec«. In: BIBLIOTEKA ORKIESTR TANECZNYCH 136. Kraków 1959, o. S.
Polak, Edmund: »Na tropach tajemnice tragiczny chlosów ›Basi – nr 73528‹ urodzonej w Brzezince«. In: EXPRESS WIECZORNYvom 23. April 1965, S. 1.
Polak, Edmund: »Tajemnice ›Dory‹«. In: EXPRESS WIECZORNY vom 17. Januar 1966, S. 1.
Polak, Edmund: »Wzruszające spotkanie«. In: EXPRESS WIECZORNY vom 28. August 1967, S. 1.
Sacha, Magdalena Izabella: *»Gdybyście w obóz przybyć już raczyli...« Obraz kultury lagrowej w świadectwach więźniów Buchenwaldu 1937–1945*. Gdańsk 2014.
Sellier, André: *Histoire du Camp de Dora*. Paris 1998.
Szaniawski, Jerzy: *Profesor Tutka i inne opowiadania*. Kraków 1954.
Waghalter, Ignatz (1934). *Aus dem Ghetto in die Freiheit*. Marienbad: Verlag Ad. Schnurer 1936.

Wilkomirski, Binjamin: *Bruchstücke. Aus einer Kindheit 1939–1948*. Frankfurt am Main 1995.
Zonik, Zygmunt: *Alert trwał 5 lat. Harcercze i harcerki w KL Auschwitz*. Warszawa 1989.

Online

Jewish Recording Index – Poland: https://jri-poland.org/jriplweb.htm

Abbildungs- und Fotonachweise

Abb. 1 und 2: TU Darmstadt / Institut für Sprach- und Literaturwissenschaft am Fachbereich 2 [2004] / Fachbereich Architektur (CAD in der Architektur) [2004] / Architectura Virtualis: Prof. Manfred Koob, Dr. Ing. Marc Grellert, Juniorprof. Dr. Bruno Arich-Gerz.
Abb. 3, 4, 6, 7 und Umschlagfoto: Privatbesitz Andrzej Polak.
Abb. 5: Das Foto stammt aus den Sammlungen des Archivs des Staatsmuseums Auschwitz-Birkenau in Oświęcim.

Wir sind bei der Recherche nach Rechteinhabern mit größter Sorgfalt vorgegangen und haben entsprechende Erklärungen (Abtretung von Rechten zum Zweck der Publikation in diesem Buch) angefordert und erhalten. Sollten trotz unserer Bemühungen, sämtliche Rechteinhaber ausfindig zu machen und deren Abdruckerlaubnis einzuholen, weitere und/oder von uns nicht identifizierte Institutionen oder Personen Urheberrechte an den hier zitierten Dokumenten und Texten besitzen, so bitten wir um Kontaktaufnahme.